O CAVALO QUE PROCLAMOU A REPÚBLICA

M. Pio Corrêa

"... RIDENDO CASTIGAT MORES."

(Juvenal, poeta latino, *circa* 42-122)

Apoio:
SIEMENS

O CAVALO QUE PROCLAMOU A REPÚBLICA

M. Pio Corrêa

Editora Expressão e Cultura
1999

O Cavalo que Proclamou a República
Copyright © 1999 M. Pio Corrêa
Todos os direitos desta edição em língua portuguesa reservados à
Editora EXPRESSÃO E CULTURA — Exped Ltda.
Estrada dos Bandeirantes, 1.700 — CEP 22710-113 — Jacarepaguá
Rio de Janeiro — RJ — Brasil — Tel.: (021) 444-0600/445-0333
Fax: (021) 445-4289/445-0996
E-mail: exped@embratel.net.br

Capa: Luciana Mello e Monika Mayer a partir de ilustração de Marcelo Monteiro

Catalogação na Fonte
do Departamento Nacional do Livro

C824c

    Corrêa, M. Pio (Manoel Pio).
       O cavalo que proclamou a República /
    M. Pio Corrêa. - Rio de Janeiro :
    Expressão e Cultura, 1999.
    216p.; 16x23cm.

    ISBN 85-208-0242-7

    1. Brasil - Política e governo - Crônicas. I. Título.

                                            CDD-B869.8

SUMÁRIO

PREFÁCIO 7

I – Nossas Augustas Instituições Políticas

O Cavalo que Proclamou a República 13
Contra a Federação 17
Esqueceram de Mim 21
Uma Visita ao Parlamento Britânico 25
O Poder Legislativo no Brasil sob a Monarquia 31
Mister Four Percent 39
"Vamos Parar de Roubar?" 43
Impeachment: Moratória Quae Sera Tamen 47
Ministério dos Deveres Humanos 49
Mulher de Malandro 53

II – Última Flor do Lácio Espezinhada e Murcha

Réquiem por uma Língua Morta 57
Querida, Encolheram nosso Vocabulário 61
O Borzeguim e o Papagaio 65

III – Cultura, Incultura e Agricultura

Da Burrificação do Ocidente 71
O Caipira e o Átomo 75
Frà Dia Volo e Jeca-Tatu 79
Capacetes Azuis para o Brasil 81

IV – "Nossa Vida em teu Seio mais Amores"

Rio, Cidade Sitiada 87
Secretaria de Insegurança Pública 91

Balas Perdidas e Achadas 95
Segurança Pública: São Paulo X Tóquio 99
"Quis Custodit Ipsos Custodes?" 103
Boas Intenções 107
Quem Vai Perder a Guerra das Drogas 111
Presídios Flutuantes de Alta Rotatividade 115
Transportes de Ira 119
Neoterrorismo à Vista 123

V– Justiça para os Injustiçados

Pensão para Calabar Neto 129
Castanholas e Azneiras 131

VI - Princípios e Prática da Diplomacia

Escola de Civismo 135
Tradição de Grandeza 139
Saudação a Raul Fernandes 143
Homenagem a Rodrigo Octavio 147
Missão Cumprida 151
Parâmetros da Política Exterior do Brasil 155
Política Exterior/Comércio Exterior 165
O Brasil na América Latina I 169
O Brasil na América Latina II 175
As Malvinas e o Banco Baring 179
O Brasil no Cenário Internacional do Século XXI 181

VII – "A Oeste de Alá – A Crescente Presença Islâmica no Ocidente"

Rumo a Lepanto? 191

VIII – À Maneira de Epílogo: Evocação da Memória de meus Pais

Epílogo do "Dicionário das Plantas Úteis do Brasil" 209
Meu Pai, Pio Corrêa 211

PREFÁCIO

É uma tarefa complexa e difícil selecionar trabalhos para os publicar em volume: sobretudo a seleção dos assuntos, nem sempre é a mais acerada. Ou coincidem os assuntos, ou, ao contrário, não coincidem, e o selecionador esbarra em obstáculos intransponíveis, para satisfazer ao gosto do leitor ou a sua exigência ou a seu espírito crítico. Por sua natureza, o prefácio, chama a atenção do leitor para o conteúdo do livro. É a sua definição, a que convém ao autor. Daí, não poucos autores o dispensarem, pois fazem o leitor não prosseguir na leitura, deixando, tantas vezes, de aproveitar o principal, complexo, adstrito ao acessório: esse fica sendo o papel desempenhado pelos prefácios às obras que apresentam.

Evidentemente, há prefácios que são verdadeiros estudos. O mais famoso prefácio da literatura portuguesa do Brasil é o "O Papa e o Concílio", encomendado a Rui Barbosa, ainda um jovem de menos de 30 anos, por Saldanha Marinho, o Ganganelli da "Questão Religiosa". Rui, a pedido do autor da encomenda, leu o trabalho de Doellinger, e o enriqueceu com seu erudito prefácio. A obra do autor alemão não merecia o longo estudo de Rui Barbosa, de resto o único livro escrito pelo grande brasileiro sobre um tema, que no momento o seduzia, embora temesse ele pelos aborrecimentos que lhe traria, como trouxe, ao ser publicado.

Outros prefácios são curtíssimos, escritos para atender a pedidos que não podem deixar de sê-lo. Injunções de amizade, em geral, prevalecem, e o prefaciador se desincumbe, como pode, do pedido que lhe foi feito. Daí, prefaciar não ser fácil, em não poucos casos, embora em outros constitua um prazer desincubir-se da obrigação contraída com o autor. Este é o meu caso. Ao me ser solicitado o prefácio, não argumentei sobre as minhas presentes dificuldades, para não constranger velho amigo, mas procurei fazer-me compreensivo.

Resolvi, no entanto, lançar-me à leitura dos originais, que são volumosos, e dele extrair a substância que iria constituir este prefácio. Estou certo, certíssimo de que o prefácio de minha autoria não acrescenta nada de valioso aos estudos e artigos reunidos por Manoel Pio Corrêa, em seu livro.

Atendo-o com o maior prazer, mas advirto-o, antecipadamente, que o leitor pode dispensar as minhas considerações, que nada perderá, mas perderá, e muito, deixando de ler o livro que Manoel Pio Corrêa, autor de uma das "Memórias" mais bem escritas e de maior interesse, brindou o leitor brasileiro faz poucos anos.

Este livro de Manoel Pio Corrêa "tem várias moradas" como se diz em linguagem escriturística pois se trata de artigos sobre a língua, de ensaios sobre diplomacia e de um substancioso estudo sobre a Escola Superior de Guerra e seu papel na formação de uma elite de pensamento que se fixa nos interreses da segurança nacional, da defesa das fronteiras do Brasil, da preservação da nossa soberania, não obstante as mudanças que o direito internacional público, como o privado, vêm sofrendo nesta evolução acelerada para outra ordem de relações internacionais, a do Convívio, como o denominaram dois ilustres constitucionalista paulistas.

Juntaria eu aos admiradores de Chesterton, o embaixador Pio Corrêa, já com leitura de seu breve ensaio sobre a proclamação da República pelo marechal Deodoro da Fonseca. Fez-me lembrar — e esta lembrança nada tem de falseadora do talento do autor — o historiador Assis Cintra, já ignorado pelas novas e novíssimas gerações, que se comprazia em descobrir originalidades históricas, antes na "petite histoire", sobre os acontecimentos e as personalidades históricas nacionais.

Todos concordamos que não ficaria bem para o proclamador desta República de tantas crises e desgraças, um marechal montar um modestíssimo e mansíssimo cavalo baio, exatamente o cavalo 6 do Esquadrão do Regimento de Cavalaria, ou, nas palavras do autor, um "cavalo raso", uma pobre alimária que estava às vésperas de se aposentar. Descobriu-se, então, que o ilustre marechal, autor da quartelada de 15 de novembro, montava "fogoso ginete negro", assim mesmo, segundo a literatura da época. Concordo, pois, com Manoel Pio Corrêa que deva ser gravado na estátua eqüestre do marechal Deodoro justa homenagem ao modesto, ao cansado, ao pré-aposentado cavalo baio do 1º Regimento de Cavalaria. Foi assim que nasceu a República, com um marechal reumático, "um grande criança", como o chamou Afonso Arinos de Mello Franco, montando num mansíssimo cavalo baio, com o qual se dirigiu à presidência do Conselho, não para proclamar a República, mas para depor o visconde do Ouro Preto, e voltar para casa, repousar seu reumatismo.

Manoel Pio Corrêa adere à minha corrente: nega a Rui Barbosa o patrocínio da federação, pois o Brasil estava unido, e não precisava federar-se, pois esta chegaria a seu tempo. O grande baiano simplesmente copiou os Estados Unidos, lá, sim, uma federação das treze colônias que se uniram para formar uma União sem denominação, como ficaram conhecidos os Estados Unidos da América até hoje. Chamo a atenção dos leitores, ademais de todo os trabalhos, o sucinto ensaio "O Poder Legislativo no Brasil sob a Monarquia". Não poderia ser mais fiel aos 65 anos de monarquia, que garantiram contra as tropelias caudilhestas do continente, a "única democracia da América"! Liberal, o autor aproveita um slogan argentino para aplicá-lo ao Brasil: "Muchachos, no robemos más." Vale a pena ler e dar uma gostosa risada sobre o Brasil, onde a subtração de valores está se tornando uma instituição, cada vez mais sólida.

Manoel Pio Corrêa trata da língua portuguesa, que ele conhece muitíssimo bem, pois vem dos áureos tempos em que se ensinava gramática nos cursos secundários, e se tinha amor à língua portuguesa, ao contrário de nossos dias, em que o vocabulário da juventude tem, no máximo, 50 palavras — e de gíria, ainda por cima, de gíria péssima, o que é, sem dúvida, o cúmulo dos cúmulos.

O livro de Manoel Pio Corrêa é riquíssimo de idéias. Permite desenvolver uma dezena de outros, com as idéias contidas nas numerosas reflexões do autor. Chamo especial atenção para o notável estudo "O Brasil no cenário internacional do século XXI". É uma súmula notável da altíssima competência diplomática do embaixador Pio Corrêa, um dos mais ilustres valores da Casa de Rio Branco, a cujos membros não se poupam, muitas vezes, as farpas da inveja, que são de uso comum naquele ninho de víboras, onde o que menos se tem é o talento e mais a vaidade, embora nossa diplomacia seja considerada uma das primeiras do mundo.

Permito-me chamar a atenção dos leitores ainda, para o ensaio "A Oeste de Alá — a crescente presença islâmica no Ocidente". Com este subtítulo: "Rumo a Lepanto?" Estamos precisando de um Lepanto, mas onde está Dom João d'Áustria? O islamismo avança. O Papa já recebeu o presidente do Irã. Mas o islamismo é o mesmo de sempre, e um Lepanto cultural poderia deter a vaga invasora que ameaça hoje, como ameaçou em seu tempo, o Ocidente?

Estas palavras dão idéia da opulência do livro do embaixador Manoel Pio Corrêa, antigo lyceen em Paris, embaixador do mais digno renome, escritor primoroso, atualíssimo com as idéias de nosso tempo, sobretudo as que interessam ao Brasil, como os artigos e ensaios reunidos neste volume, em tão oportuno momento encaminhado aos leitores. Sei, oh, se sei e quanto, que no Brasil os órgãos de comunicação pouco interesse atribuem a obras como esta. Será uma pena, muito de se lamentar, pois o livro é de primeira qualidade.

João de Scantimburgo
Da Academia Brasileira de Letras

I – Nossas Augustas Instituições Políticas

"... en ce bourdeau où tenons nostre estat..."
(*François Villon*, poeta, estudante e assaltante francês, 1431-1484)

O CAVALO QUE PROCLAMOU A REPÚBLICA

As Repúblicas americanas devem, em geral, a sua Independência a um herói nacional e a seu cavalo. Por isso, com justa razão, a posteridade reconhecida eleva monumentos a esses heróis e a seus cavalos, homenageados juntos na estatuária oficial, como pode-se ver nas praças principais das cidades do continente. Merecida homenagem, decerto, àqueles cavalos ilustres; poder-se-ia dizer deles, "inda que mal comparando", o que disse Santa Joana D'Arc do seu estandarte, quando fez questão de tê-lo a seu lado na Catedral de Reims durante a solenidade da sagração do Rei Carlos VII: "Já que partilhou os riscos, é justo que participe das honras".

Convém, pois, à luz da História, identificar corretamente ambos os membros de cada binômio heróico, evitando que impostores reivindiquem uma glória imerecida. Foi assim que relevei, nas memórias de Coelho Netto, uma injustiça flagrante, que urge corrigir.

Aquele grande escritor, em um trecho reproduzido nas páginas da *"Revista da Academia Brasileira de Letras"*, conta haver estado ao lado de Deodoro durante a jornada de 15 de novembro de 1889, e afirma que o Marechal montava, naquela ocasião, "um fogoso ginete negro", cujo nome, porém, é omitido.

Pois bem, esse cavalo é um impostor, apadrinhado indevidamente pelo ilustre escritor patrício. No dia em que "a Nação assistiu bestificada à proclamação da República", na frase de um historiador contemporâneo, o Marechal Deodoro não montava um "fogoso ginete negro", mas um mansíssimo cavalo baio, da cavalhada do 1º Regimento de Cavalaria, mais exatamente o cavalo nº 6, do I Esquadrão daquele Regimento; simples cavalo de tropa, "cavalo raso", por assim dizer, nem sequer montada de oficial, quanto mais montada de general.

Pela manhã, o Marechal viera de sua residência em carruagem, sofrendo muito de reumatismo e de uma gota felizmente civil e não militar, ao quartel do Regimento, em São Cristóvão, para conseguir ali um cavalo. Os achaques do Marechal fizeram escolher justamente o cavalo *menos fogoso*, o bom baio nº 6, pois Deodoro, no estado em que estava, não só era incapaz de "boliar a perna" por cima de um cavalo, como foi necessária a assistência de várias pessoas para içá-lo e empurrá-lo até a sela — operação que haveria sido impossível se a outra parte interessada fosse um "fogoso corcel", e não um pacífico maturrango.

Ainda conheci, em minha juventude, duas testemunhas oculares desta cena: o General Tasso Fragoso e o Marechal Ilha Moreira, ambos jovens oficiais então, servindo às ordens do Marechal Deodoro. Eu mesmo vi, 50 anos depois da Proclamação da República, uma pequena placa aposta junto à baia que fora ocupada meio século antes pelo imortal baio n° 6, relembrando o seu papel decisivo na Proclamação da República. Decisivo, pois sem ele o Marechal estaria a pé: pode-se imaginar Deodoro, a pé e capengando, tentando, apoiado em uma bengala, galvanizar as tropas? Ou, pior ainda, estatelando-se na frente da tropa formada e do povo bestificado, derrubado ao chão por um cavalo menos dócil, menos republicano? Pode-se aquilatar assim o papel importante, essencial mesmo, do baio n° 6 na Proclamação da República.

A falta do cavalo competente pode comprometer irremediavelmente uma situação. Veja-se o Rei da Inglaterra, Ricardo III, que Shakespeare nos mostra desamparado, a pé, no campo de batalha de Bosworth Field, implorando a gritos: "Um cavalo! Um cavalo! Meu Reino por um cavalo!" Não conseguiu o cavalo e perdeu a batalha, a coroa e a vida. E séculos mais tarde, em Waterloo, Napoleão a pé, sofrendo de hemorróidas, incapaz de montar a cavalo, perdeu a batalha, a guerra e o trono. Se houvesse estado a cavalo, à frente das tropas, dirigindo a batalha, como estivera em Austerlitz, em Iena, em Wagram, talvez houvesse naquela noite entrado em Bruxelas nos calcanhares dos Aliados em retirada. O Duque de Wellington confessou mais tarde que "nunca estivera tão perto de ser derrotado". É impressionante pensar do que dependeu o destino da Europa...

Sim, o cavalo é um fator indispensável em ocasiões semelhantes. Invoco, portanto, a musa Clio, e convido-a a inscrever em letras de ouro, na primeira página da História da República, a menção do bom baio n° 6; que as trombetas da Fama ressoem em sua honra, e que o anátema recaia sobre o negro e fogoso impostor que, nas páginas de Coelho Netto, pretendeu suplantá-lo.

Existia, aliás, no acervo do Itamaraty, um quadro representando Deodoro montando um cavalo baio, mas naquela grande tela o modelo eqüino era bastante idealizado, com fartas crinas ao vento e parecendo prestes a pôr fogo pelas ventas. Essas idealizações são costumeiras na pintura oficial; assim um quadro famoso de Gérard representa Bonaparte cruzando os Alpes montado em ardente corcel de aparência belicosa — quando na realidade Bonaparte, sensatamente, cruzou os Alpes montando não um cavalo, mas uma mula de seguro pisar, afeita aos rudes desfiladeiros da montanha.

Assim é que se escreve, ou se pinta a História; mas é dever do historiador corrigir injustiças, como a de Coelho Netto para com o bom baio nº 6. Faço, pois, um apelo aqui ao operoso Prefeito do Rio de Janeiro para que mande gravar, no pedestal da bela estátua erguida na Praça Paris, a menção do baio nº 6 junto ao nome do Marechal Deodoro, unindo na mesma homenagem os dois principais protagonistas da Proclamação da República.

26/7/96

CONTRA A FEDERAÇÃO

Ruy Barbosa, republicano pouco entusiasta mas federalista fanático — ele dizia sonhar com a Federação "com ou sem a República" —, conseguiu impingir ao Brasil, pela Constituição de 1891, um sistema de governo decalcado da Constituição dos Estados Unidos da América, mas contrário aos costumes, à índole, à vocação atávica da Nação, e aos seus interesses mais óbvios. Ao fazê-lo, abriu uma caixa de Pandora que desencadeou sobre o Brasil uma multidão de males e de pragas, que ainda nos vitimam, mantidas e agravadas pelas várias Constituições posteriores, e particularmente pela insana Carta de 1988.

O regime federativo para a República norte-americana era perfeitamente lógico e razoável, o único, mesmo, adequado às circunstâncias em que nascia uma nova Nação. O pacto federativo de 1776 exprimiu a decisão das 13 antigas Colônias, que, ao proclamar sua Independência, uniam-se livremente por um laço federativo, de onde a figura da "União Federal". Esta União associava, por, um ato de vontade expressa, 13 unidades distintas, que haviam repudiado os laços que prendiam *cada uma delas* à Metrópole, e, uma vez independentes, decidiam, todas e cada uma, *unir-se* em um novo Estado soberano. Como reza a divisa dos Estados Unidos da América, "de muitos faz-se um só" — "E PLURIBUS UNUM".

No Brasil, nada de parecido. O Brasil sempre fora, sob a Monarquia, um Estado fortemente unitário. Os "Estados Unidos do Brasil", da fórmula constitucional de 1891, foram mera caricatura dos Estados Unidos da América, não correspondendo a qualquer necessidade, nem à realidade dos fatos. A Federação, no Brasil, nunca passou, nem podia passar, de mera ficção.

A realidade, por trás dessa pálida ficção, é que, um século depois da Proclamação da "República dos Estados Unidos do Brasil", nenhum Estado "federado", nem sequer São Paulo, que é por si só a segunda economia da América Latina, consegue viver sem o apoio financeiro do Governo central.

A desvairada Constituição de 1988 veio dar uma nova e gigantesca dimensão ao desperdício do dinheiro público ao determinar o repasse aos Estados de uma parte muito substancial da arrecadação dos cofres federais, sem transferência aos Estados de qualquer dos encargos suportados pela União. O resultado é um enigma proposto em título de um artigo de Márcio

Moreira Alves: "Para onde vai a grana?" Ora, na melhor das hipóteses, para engordar ainda mais a folha de pagamento de um funcionalismo geralmente nomeado por critérios outros que não os de competência, e cujos quadros ativos, multiplicando-se com a fertilidade de coelhos, geram por sua vez quadros de inativos, que pesam no Orçamento.

A Constituição de 1891 determinava, acertadamente, que os Territórios Federais só poderiam transformar-se em Estados quando alcançassem uma situação de autonomia financeira. Ao tempo, o único Território Federal era o Acre. Desde então, outros territórios foram criados, e eventualmente desabrocharam em novos Estados — criando assim novos cargos de Governadores, Secretários de Estado, legisladores estaduais, e, naturalmente, farto funcionalismo estadual; além de criar, em cada caso, três cargos de Senadores e muitos Deputados Federais — um maná eleitoral.

Sob o Império, os Presidentes das Províncias não eram eleitos, mas nomeados pelo Imperador por proposta do Presidente do Conselho de Ministros. Não tinham, portanto, compromissos eleitorais com ninguém, nem tinham necessariamente raízes políticas nas Províncias que governavam.

Em França, as divisões e subdivisões territoriais são os Departamentos e as Subprefeituras. Os responsáveis pelo governo dos Departamentos são os *Préfets* — não confundir com os nossos prefeitos municipais, cujo equivalente francês são os *maires*. Estes são eleitos, mas os *Préfets* são funcionários de carreira do Ministério do Interior, admitidos por severo concurso de provas — sem ingrediente político.

Nos Estados "federados" criados pela República, o funcionalismo estadual é, naturalmente, politizado até a medula dos ossos, dependente que é, para sua carreira, do beneplácito dos políticos. O mesmo sucede com a oficialidade das Polícias Militares dos Estados. Em França, a força policial responsável pela segurança pública é a Gendarmeria Nacional, cujos elementos servem indistintamente em todas as partes do território nacional, sem quaisquer contatos com os políticos locais. O mesmo ocorre na Itália com os Carabinieri, no Canadá com a Royal Canadian Mounted Police, no Chile com o Corpo de Carabineiros.

O Senhor Presidente da República acaba de verberar as "roubalheiras" e outras mazelas a que assistimos impotentes. Grande parte dessas mazelas têm suas origens e raízes na politicalha estadual, mesmo quando florescem no mais alto nível federal.

Sejamos bastante corajosos para reconhecer os fatos: a experiência pseudofederativa falhou. A vocação do Brasil é unitária. A divisão política do território não passou de uma divisão administrativa condenada ao fracasso.

O Deputado Márcio Fortes dizia há dias em reunião na FIRJAN que Estados há em que a receita acha-se comprometida, em proporção que vai de 80 a 110%, *cento e dez por cento*, com sua folha de pagamento. A *atividade-fim* dos Governos estaduais é distribuir empregos.

Mesmo em um Estado como o do Rio de Janeiro, vemos que o *seu Tribunal de Contas estadual*, em princípio incumbido de coibir abusos, abriga em seus quadros *dois mil e duzentos funcionários*, com um salário médio de *cinco mil reais*.

A mesma finalidade preside à "emancipação" de novos Municípios: multiplicar os cargos de Prefeitos, Vereadores e funcionários municipais. Vejo em um jornal que a média do número de funcionários de novos Municípios (ontem meros Distritos) é de 200 pessoas. Só no Estado de Minas Gerais, *cento e onze* novos Municípios postulam sua "emancipação". Só aí teremos, no mínimo. 22 mil, *vinte e dois mil*, novos parasitas — além dos Prefeitos, Vereadores, Conselheiros dos Tribunais de Contas municipais, etc., com seus privilégios, vantagens, regalias e mordomias — tudo com direito à aposentadoria. Nos anos 60, freqüentei muitos Municípios do interior. Os Vereadores serviam sem remuneração, reunindo-se <u>uma vez por semana, e o "quadro de funcionários" era geralmente de três pessoas: um secretário da Câmara, uma datilógrafa e um contínuo para servir o café.</u>

Com a palavra os constitucionalistas, para delinear um remédio que nos livre da herança maldita que nos deixou Ruy Barbosa. Abaixo a Federação! "Só o Brasil é grande" — já o disse Getúlio Vargas.

17/12/95

ESQUECERAM DE MIM

No atabalhoamento e na confusão, para não usar uma palavra mais forte, que caracterizaram a Proclamação da República, escapou aos artífices da Federação na qual foi retalhado o forte Estado unitário que fora o Império, e ao próprio Ruy Barbosa, autor intelectual desse crime, que faltava um Estado.

Todos esqueceram-se de que, em 1853, a Câmara dos Deputados do Império havia criado uma nova Província, que recebeu o nome de Província de Pinzonia, em homenagem ao navegador espanhol Vicente Yanez Pinzon, o primeiro a descobrir o litoral Norte do Brasil e a foz do Amazonas, a serviço de Portugal, antes da expedição de Pedro Álvares Cabral. A nova Província chegou a figurar no *Grande Atlas do Império do Brasil*, publicado em 1886 pelo Professor Cândido Mendes de Almeida.

É fato que boa parte da Província de Pinzonia veio, muito mais tarde, a formar o Território Federal do Amapá, hoje Estado; mas assim mesmo sobrou bastante para o Estado de Pinzonia: o Amapá detém-se no rio Jari; o Estado de Pinzonia abrange o território desde a margem direita do Jari até o rio Nhanundé. As cidades de Óbidos e de Faro pertencem, de direito, à Pinzonia, como toda a margem esquerda do Amazonas entre aqueles dois rios.

É muita terra; e são muitos cargos públicos, dos quais acha-se espoliada a classe política da Amazônia. Um cargo de Governador, com vários Secretários de Estado; toda uma Assembléia Legislativa; uma legião de empregos públicos nas Secretarias e na Assembléia, todos preenchíveis por estrito critério de mérito eleitoral; três poltronas de Senadores da República e umas 30 ou 40, pelo menos, de Deputados Federais, graças à engenhosa matemática eleitoral, que favorece os Estados na proporção inversa de sua expressão econômica, o que permite eleger-se um Senador pelo Amapá com 14 mil votos, menos do que o necessário para eleger-se um Vereador em Campinas. Uns e outros com seu cortejo de Assessores, de motoristas, de secretários, de contínuos. É um Eldorado político-administrativo que se oferece!

Considero uma iniquidade privar a "classe política" da Pinzonia — essa classe laboriosa e dedicada que, segundo recente pesquisa de opinião, goza de irrestrita confiança e respeito de mais de quatro por cento da população — de benesses que lhe pertencem de direito desde 1853.

Ainda outras risonhas perspectivas abrem-se para a Pinzonia. Uma, é conseguir, como seria justo, a isonomia com os Estados do Nordeste quanto aos fabulosos incentivos fiscais para as fábricas de automóveis, já votados no Congresso. Uma fábrica Rolls-Royce poderia ser instalada em Óbidos, com privilégio exclusivo para o fornecimento de veículos oficiais ao Governo Federal e ao Congresso Nacional, aos Governos Estaduais e Municipais. Uma Zona Franca Industrial, idêntica à de Manaus, poderia fabricar computadores de quinta geração e satélites espaciais. As etiquetas com os dizeres "Indústria Brasileira" seriam importadas de São Paulo, e afixadas por mão-de-obra local no resto do produto, que viria do exterior mas seria desencaixotado na Pinzonia, ainda por mão-de-obra local altamente qualificada em arrancar pregos de caixotes.

O território do Estado de Pinzonia ofereceria, outrossim, um quadro natural apropriado para sediar uma Disneylândia, bem mais próxima do que Miami, com atrações especiais, como índios de verdade em suas aldeias, dançando para os turistas, um Parque Zoológico com jacarés de verdade, sucuris, onças e outros animais da fauna amazonense, inclusive mosquitos. Os rios da Pinzodisney seriam garantidos "piranhas-free". Seria, até, uma iniciativa patriótica, estancando um pouco a fuga criminosa de dólares brasileiros para as garras dos cubanos da Flórida ou dos mexicanos da Califórnia. Afinal, a França já tem uma Eurodisney, o Japão tem a Tokiodisney, por que não teríamos uma Pinzodisney? Acoplada, naturalmente, a uma Zona Franca de *duty-free shops*, como a que beneficia o vizinho Estado do Amazonas.

Sob o regime da ingênua e obsoleta Constituição de 1891 haveria um obstáculo: ela exigia, para criação de um novo Estado, que este fosse financeiramente auto-suficiente; razão pela qual, enquanto vigorou aquela retrógrada Constituição, nunca pode ser elevado a Estado o Território Federal do Acre, apesar de sua riqueza em borracha. Desde então, porém, vimos a criação de novos Territórios Federais, desmembrados de vários Estados, e sua subseqüente elevação à categoria de Estados eles próprios. A pueril restrição orçamentária foi superada: graças à sábia e benemérita Constituição de 1988, que Deus guarde (o Doutor Ulysses foi um santo!), a União Federal, transformada em boa vaca leiteira para as carências estaduais e municipais, amamenta fartamente, com quase a metade de sua arrecadação, toda a sua ninhada. Vejo nos jornais que a receita do Estado do Acre permite custear apenas 15% da folha de pagamento do seu funcionalismo. Os restantes 85%, mais 100% para obras, serviços ou outros encargos, correm por conta da União. O Governador de um Estado nordestino está atualmente apelando ao Governo Federal para que o Tesouro Nacional passe a assegurar o pagamento dos magistrados e dos funcionários do Poder Judiciário daquele Estado. Com mais forte razão, esse sistema poderia ser aplicável ao pagamento da totalidade dos funcionários dos três Poderes de um Estado ainda jovem e principiante como Pinzonia, bem como aos funcionários dos seus Municípios. Afinal, há tantos paulistas, mineiros, paranaenses, e muitos outros, que gostam de trabalhar para pagar os funcionários públicos do Acre, suas escolas, seus hospitais, suas estradas!

Então, por que não atender à ardente ambição dos cidadãos da Pinzonia por sua emancipação política? Tanto mais quando constatamos, nos Estados de recente criação, um incontido e brilhante espírito criador. A cidade de Palmas, por exemplo, capital do novo Estado de Tocantins, acaba de decidir, por sua Câmara Municipal, a construção de uma réplica exata da Torre Eiffel, com seus 300 metros de altura, que vai mirar-se nas águas do rio Tocantins com mais majestade do que o seu modelo na margem do Sena; pois afinal o Sena é um regato comparado ao Tocantins.

Em outro Estado de nova geração, o Mato Grosso do Sul, veremos também o gênio criativo da Prefeitura Municipal de Barra do Garças decidir a construção de um astroporto para discos voadores, coisa que nem a Capital de São Paulo ousou empreender.

Veremos, portanto, por uma sadia emulação, as cidades da Pinzonia erigir, como símbolos de cultura, réplicas do Coliseu de Roma (a ser usado como estádio esportivo), do Arco do Triunfo de Paris, da Estátua da Liberdade, quiçá das Pirâmides do Egito. Isso tudo é cultura, Senhores! Tudo isso são obras! Tudo isso são empreiteiras! O que estamos esperando, então, para dar cumprimento à vontade soberana da Câmara de Deputados do Império, saldando assim, para os habitantes da Pinzonia, uma dívida histórica "pendurada" desde 1853.

Fato importante: a jurisprudência aceita parece acatar a tese de que os funcionários públicos que vierem a ser nomeados para os quadros do Estado de Pinzonia terão direito a receber os seus vencimentos atrasados a partir de 1853, data em que *deveriam* haver sido nomeados quando da criação da Província.

Em tempo: a todos os estudiosos dos curiosos acontecimentos que pontilham a vida política de nosso País, recomendo, para sua edificação e prazer, a leitura do precioso livro de João de Scantimburgo, *A História do Liberalismo do Brasil*. Aula de sapiência! Talvez ajude a entender...

22/8/96

UMA VISITA AO PARLAMENTO BRITÂNICO

Tive recentemente ensejo de fazer uma demorada visita a ambas as Casas do Parlamento Britânico, da qual guardei funda impressão. O meu cartão de ingresso ostentava a assinatura e o carimbo de "Black Rod" — para dar-lhe o seu título completo: the Gentleman Usher of the Black Rod", o alto dignitário que, por ocasião da solene Abertura do Parlamento, vai golpear com seu bastão de ébano (o "black rod") as portas da Câmara dos Comuns, para convidar os Membros daquela Câmara a acompanhá-lo à presença da Rainha, cujo trono ergue-se na Câmara dos Lordes.

Graças a esse poderoso passaporte, pude permanecer nas Casas do Parlamento, em Westminster, das nove horas da manhã até as cinco da tarde, e visitar detalhadamente todas as suas dependências.

Antes mesmo de ingressar no Palácio de Westminster tive a minha primeira surpresa, ao ver desembarcar de táxis, ou sair da boca do *Underground*, uma sucessão de cavalheiros, que dirigiam-se para o portão de entrada. Perguntei ao meu guia se todos esses cavalheiros eram, como nós, visitantes interessados em conhecer os augustos recintos. Foi-me respondido que eram todos eles Membros do Parlamento, quer da Câmara dos Comuns, quer da Câmara dos Lordes. Estupefato, indaguei como se fazia que eles chegassem em táxis, ou pelo metrô, e não em carros oficiais.

Minha estupefação não conheceu limites ao ser informado de que os Membros do Parlamento Britânico não têm direito a carros oficiais; nem sequer existe, à sua disposição, um lugar de estacionamento para seus carros particulares, razão pela qual preferem vir em táxi, em ônibus, ou pelo *Underground*. Pude então, cheio de orgulho patriótico, informar por minha vez o meu guia de que, no Brasil, os parlamentares, todos os parlamentares, têm direito a um automóvel oficial, e a um motorista — ou melhor, *dois* motoristas, pois são necessários, obviamente, dois daqueles altos funcionários para que se possam revezar nas tarefas exaustivas de ir buscar o parlamentar, uma vez por semana, no aeroporto de Brasília, conduzi-lo no dia seguinte ao Congresso e dali ao seu apartamento oficial, e ainda por cima no dia imediato levá-lo ao aeroporto; no intervalo, conduzindo eventualmente a excelentíssima esposa do seu chefe ao cabeleireiro, ou a excelentíssima cozinheira do seu chefe ao supermercado.

Revelei, ainda, impando de orgulho, que os bimotoristas dos parlamentares recebem, cada um, salário igual ao soldo de um oficial superior das Forças Armadas, ou ao dobro dos vencimentos de um Secretário de Embaixada. Ante uma expressão de polida incredulidade no semblante do meu interlocutor, arraseio-o com a revelação de que, no Brasil, um ascensorista da Câmara dos Deputados, pilotando intrepidamente uma cabine de elevador, ganha tanto como um oficial aviador que pilota um avião de caça supersônico. O meu guia cambaleou ligeiramente, e pediu licença para sentar-se um instante em um dos bancos da praça fronteira ao Parlamento.

Passando à ofensiva, perguntei-lhe onde se alojavam, em Londres, aqueles parlamentares, representantes de todos os recantos do Reino Unido. Respondeu-me que alguns possuíam residências próprias em Londres; os demais alojavam-se como podiam, em apartamentos alugados, em hotéis ou em pensões de família. Confessei-lhe, um pouco envergonhado, que assim fora também no Brasil em priscas eras; eu mesmo recordava-me de haver visitado um ilustre Senador, homem de grande prestígio em seu Estado natal, residindo no Rio de Janeiro em modestíssima pensão de família na Rua do Catete, e dirigindo-se ao Senado de bonde. Desde então, porém, havíamos superado aquele primitivismo, e concedido a nossos amados parlamentares a regalia, entre outras, de um vasto apartamento em Brasília, com o indispensável complemento de passagens aéreas gratuitas sempre que desejem visitar os seus Estados de origem. Humilhado, o meu amigo inglês confessou-me, cabisbaixo, que os seus parlamentares não tinham direito a passagens gratuitas nem sequer nos ônibus de Londres.

Entramos no venerável edifício, dirigindo-nos primeiro à Câmara dos Lordes, já então em sessão, presidida pelo Lord Chanceler da Inglaterra, de longa beca negra e usando uma peruca branca à moda do século XVII, igual à que usam os Juízes das instâncias superiores — aliás, a Câmara dos Lordes é também a suprema instância das Justiças do Reino, e o Lord Chanceler o mais alto magistrado da Coroa. Esse alto dignitário toma assento, aos pés do Trono, sobre o *woolsack*, literalmente o "fardo de lã", que é exatamente isso: um fardo, revestido de gorgurão escarlate, contendo lã fornecida por todos os antigos Domínios da Coroa — Austrália, Nova Zelândia, África do Sul e Canadá, e, bem entendido, por ovelhas do próprio Reino Unido; isso em memória dos tempos medievais, em que a prosperidade econômica do Reino assentava sobre a lã exportada para a Flandria, e ali tecida, em Bruges ou Gand. Nos degraus do Trono os filhos dos Pares do Reino têm o privilégio de sentar-se para assistir às sessões.

Os longos bancos de couro fulvo, na sala retangular, estavam quase completamente ocupados, e desenrolava-se um debate, mas nos tons de uma conversação polida em sociedade, antes que nas uivantes, gesticulantes e grandiloqüentes orações a que nos acostumaram nossos tribunos.

Constatei assim, com estupor, que é possível pronunciar um discurso parlamentar sem mover as mãos!

Antes de passarmos à Câmara dos Comuns, o meu solícito guia levou-me para almoçar em um restaurante próximo às Casas do Parlamento. Enquanto almoçávamos, observei, na parede, um grande tímpano, semelhante aos que servem, nos edifícios públicos mais antigos, para alarme de incêndio. Perguntei o que era aquilo: foi-me respondido que, sendo aquele restaurante muito freqüentado por parlamentares, aquela poderosa campainha servia para avisar que ia ser procedida uma votação. Ao soar o alarme, os parlamentares presentes levantam-se pressurosos da mesa do almoço e correm à sua Câmara para participar da votação, a fim de não prejudicar o seu Partido pela sua ausência.

Depois do almoço, passamos à visita à Câmara dos Comuns, cujo recinto é essencialmente idêntico ao da Câmara dos Lordes, com a diferença de que os bancos são ali revestidos de couro verde. Os representantes do Partido do Governo tomam assento em um dos lados da longa sala, os da Oposição ocupam os bancos do outro lado. Ao fundo, o *Speaker*, de beca negra e peruca branca, preside a sessão. O *Speaker* da Câmara dos Comuns precisa ser dotado de prodigiosa memória, pois, ao conceder a palavra a um Deputado, deve mencionar, não o seu nome, mas o da circunscrição eleitoral por ele representada. No momento atual, pela primeira vez na História, o *Mr. Speaker*, como é chamado, é uma *Mrs. Speaker* — uma mulher preside a Câmara dos Comuns — de peruca branca e tudo.

A abertura da sessão é imponente em sua simplicidade: o *Speaker* entra precedido de seu *"sergeant-at-arms"*, que carrega o *Royal Mace*, espécie de grande e pesado cetro de metal dourado, encimado pela Coroa. O *Mace* é cerimoniosamente depositado sobre um berço de veludo, frente ao *Speaker*, simbolizando a presença do Soberano. A sessão pode começar.

Explicou-me o meu guia que, em razão do sistema de voto distrital, cada eleitor tem um relacionamento direto com o "seu" deputado, eleito pelo "seu" distrito. Escreve-lhe, e pode ter acesso pessoal a ele: é um direito seu. Foi-me mostrado o local onde têm lugar esses encontros entre os deputados e os seus eleitores: é um grande *hall*, com pequenas cadeiras enfileiradas ao longo das paredes. O parlamentar senta-se em uma dessas cadeiras, e o seu visitante na cadeira vizinha. Qualquer pessoa pode ir sentar-se ao lado de um dos dois: a entrevista é pública, transparente, sem sigilo. Indaguei onde estavam os gabinetes dos parlamentares, mais apropriados para o trato de assuntos políticos mais delicados, como propinas, comissões sobre o preço de obras públicas, e quejandos. Foi-me respondido que os pobres Membros do parlamento britânico não dispõem de instalações particulares, nem de assessorias pessoais, salvo as prestadas a título benévolo por correligionários, e naturalmente, de modo coletivo, pelos órgãos do seu Partido.

Foi aí que pude triunfar novamente, obrigando a orgulhosa Albion a curvar-se ante o Brasil. Descrevi a vastidão dos espaços disponíveis, no Congresso brasileiro, para os gabinetes individuais dos congressistas e para a instalação da nuvem de chefes de gabinete, secretárias e assessores de todo tipo e figura que os rodeiam, inclusive os operosos Assessores da classe "A.P.N.", sigla cujo significado exato já me escapa. Relatei que quando foi construído em Brasília o Palácio do Congresso, o arquiteto que o idealizou foi tido por louco, por haver construído, junto às duas Câmaras, dois altos edifícios, de 22 andares, para alojar os gabinetes dos congressistas. Todo mundo pensava que não seria possível ocupar todo aquele espaço. Todo mundo enganava-se: hoje, *quatro*. Anexos, cada um maior do que o precedente, já são apenas suficientes para instalar todos os gabinetes da Câmara de Deputados, e já se cogita de construir um quinto Anexo daquela Câmara. Para dar uma idéia da crescente importância assumida no Brasil, dentro do equilíbrio dos Poderes, pelos serviços do Poder Legislativo, fiz valer que os quadros administrativos do Senado, por exemplo, haviam passado de 400 funcionários em 1960 para *cinco mil* em 1990, os da Câmara dos Deputados atingindo a *seis mil*, seja um total de *onze mil funcionários* para as duas Casas. O inglês, boquiaberto, olhava-me com olhos exorbitados, esmagado pelas cifras que eu triunfalmente lhe citava.

Chocou-me a exigüidade da tribuna reservada aos visitantes — a *Stranger's Gallery*. Aquele estreito espaço para espectadores pareceu-me antidemocrático. Ufanei-me de relatar que na Câmara dos Deputados do Brasil existem amplas arquibancadas, dominando a Sala de Sessões, desde as quais verdadeiras multidões de público, arrebanhadas por agremiações políticas, sindicais ou estudantis, podem democraticamente apupar e insultar os congressistas cujas opiniões lhes desagradam, fazer gestos obscenos dirigidos aos mesmos e atirar-lhes, por escárnio, punhados de moedinhas como sugestão da venalidade de quem não apoia as pretensões dos manifestantes. Isso sim, frisei, é que é democracia.

Notei que quase todos os bancos da Câmara dos Comuns, como os da Câmara dos Lordes, estavam ocupados. Acostumado a ver no Brasil, pela televisão, o plenário de nossas Câmaras freqüentemente às moscas, com persistente falta de *quorum* para votações, perguntei a que era devida aquela afluência de parlamentares em Westminster; se devia ocorrer alguma votação crucial, da qual dependesse, talvez até, a queda do Gabinete. Foi-me respondido que aquela freqüência era normal, a obrigação dos parlamentares sendo acompanhar assiduamente os trabalhos legislativos. Foi a minha vez de ficar estarrecido ante tão simplória docilidade e ingênua obediência a padrões obsoletos de ética parlamentar. Repliquei que no Brasil nossos congressistas são soberanos, altivamente independentes, cada um dono de seu nariz, e só a muito custo, e nas grandes ocasiões, como a votação de um aumento de vencimentos para si próprios, consegue-se reunir um número expressivo deles.

Após quase oito horas passadas no ambiente do Parlamento britânico, era hora de deixar o venerável Palácio de Westminster, à sombra do Big Ben. Retirei-me, pois, com a confortável sensação de haver constatado, e demonstrado de modo irrefutável, a superioridade das organizações legislativas brasileiras sobre as respeitáveis mas anacrônicas instituições do Reino Unido.

4/4/95

O PODER LEGISLATIVO NO BRASIL SOB A MONARQUIA

No Brasil, a *Monarquia* logo e para sempre afastou-se do sentido etimológico da palavra — como fizeram, depois dela, as monarquias européias: pois jamais foi *o governo de um só homem*. Mais *imperou* a Constituição do Império do que o próprio Imperador, durante a longa vigência de nossa primeira Carta Constitucional — 65 anos; primeiro traço a ser meditado: a Constituição do Império durou tanto quanto o regime, até a proclamação da República. Proclamação, dito seja de passo, *feita sem qualquer consulta ao país*, à *revelia da Nação*: como escreveu muito bem um historiador da época "o povo assistiu bestificado à proclamação da República". Deixamos, porém, esse aspecto, embora de capital importância. O fato a notar aqui é que a Constituição monárquica durou 65 anos, e foi uma só: já tivemos, até aqui, meia dúzia de Constituições republicanas no espaço de 99 anos, sendo que a que mais durou, a primeira, durou 43 anos. Das outras, só a de 1967 atingiu a maioridade civil com 21 anos, isso mesmo consideravelmente emendada e remendada. Ou seja, nesse século a Nação nunca pôde sentir-se à vontade nas roupagens constitucionais republicanas que lhe eram sucessivamente impostas; a cada três lustros em média, teve que despí-las desajeitadamente, como uma lagosta desvencilha-se periodicamente de sua casca até crescer outra. Ao contrário, a nossa primeira Constituição, a Constituição monárquica, permaneceu intocada até o fim — muito embora D. Pedro I, ao jurá-la antecipadamente, antes de concluída, o houvesse feito com uma ressalva: jurou defendê-la, disse Sua Majestade, "se for digna do Brasil". É de pensar-se qual seria, sob esse prisma, a opinião de D. Pedro I sobre a nossa atual Carta Magna...

O segundo ponto que proponho para meditação, é que, havendo-se dado a vacância do Poder pela abdicação de D. Pedro I, a ordem constitucional, inclusive o funcionamento do Poder Legislativo, não sofreu qualquer arranhão; e isso obviamente graças à existência da instituição monárquica. Imaginemos por um momento o que ocorreria, ao tempo, em qualquer das Repúblicas Ibero-americanas, no caso de vacância do Poder: o país ver-se-ia mergulhado na sangrenta disputa desse poder entre facções diversas e caudilhos rivais. Foi, aliás, exatamente o que ocorreu em várias delas: só que a "vacância" dava-se geralmente pela violência. No Brasil, o que se via, graças ao prestígio imanente da Coroa, foi um menino de cinco anos subir ao Trono e ali esperar por sua maioridade, sem que ao político mais ambicioso e mais prestigioso ocorresse sequer a idéia de pôr o pé nos degraus do Trono para de lá derrubar o pequenino Monarca. Enquanto isso, durante todos os anos da Menoridade, sob a Regência Trina, sob a Regência Una, apesar das lutas e das paixões políticas, as Câmaras funcionaram serenamente, não passou um ano sem que a Fala do Trono inaugurasse serenamente os trabalhos do Poder Legislativo. É que, ao instalar a Assembléia Constituinte em 1823, D. Pedro I dera, com admirável clareza, as justas diretrizes para o correto, harmonioso e eficiente equilíbrio dos Poderes — que sob a República tem sofrido tantos desequilíbrios, resvalões e trambolhões: recomendou ele aos constituintes a elaboração de uma Constituição "em que os três poderes sejam bem divididos, de forma que não se possam arrogar direitos que lhes não compitam, mas que sejam de tal modo organizados e harmonizados, que se torne impossível, ainda pelo decurso do tempo, fazerem-se inimigos, e cada vez mais concorram de mãos dadas para a felicidade geral do Estado. Afinal, uma Constituição que pondo barreiras inacessíveis ao despotismo, quer real, quer aristocrático, quer democrático, afugente a anarquia e plante a árvore daquela liberdade a cuja sombra deve crescer a união, tranqüilidade e independência deste Império, que será o assombro do mundo novo e velho".

Vejamos, agora, o que era esse Poder Legislativo, nascido de Constituição tão esclarecidamente liberal.

Para começar, como eram escolhidos os representantes da Nação?

O voto era *indireto* e *censitário*. As eleições primárias realizavam-se em *assembléias paroquiais* — a circunscrição eleitoral coincidindo com os limites de cada paróquia. Essas assembléias, funcionando à maneira de distritos eleitorais, escolhiam os *eleitores* que, em escalão superior, sufragavam os *Deputados provinciais*. Tomavam assento na assembléia paroquial os cidadãos brasileiros "ingênuos", isto é, nascidos livres, e os estrangeiros naturalizados, fiéis da paróquia, possuindo renda anual de pelo menos 100 mil-réis. Eram *excluídos* do registro eleitoral paroquial os ex-escravos libertos, os não católicos e os criminosos pronunciados.

Os *eleitores provinciais*, escolhidos pelas assembléias paroquiais e no seio destas, deviam ser maiores de 25 anos, católicos, brasileiros natos ou naturalizados, possuindo pelo menos 200 mil-réis de renda anual.

Eram *elegíveis* para a deputação nacional ou provincial, nos comícios de segundo grau, somente brasileiros natos, católicos, gozando de renda anual de pelo menos 400 mil-réis. Não eram elegíveis os religiosos, isto é, os eclesiásticos membros de ordens regulares, incapacitados por seu voto de pobreza (que lhes vedava o acesso ao nível censitário) e pelo voto de obediência, que os submetia passivamente a seus superiores na Ordem.

Os eclesiásticos seculares, ao contrário, gozavam da mais amplo direito de representação: vários deles atuaram com destaque na política do Império, e um deles, o Padre Feijó, chegou a ser, como todos sabem, Regente do Império, exercendo a Chefia do Estado em nome do Imperador D. Pedro II durante a menoridade deste.

Para o mandato de Senador do Império a exigência de renda própria subia para um mínimo de 800 mil-réis. Para cada vaga de Senador o Conselho Geral da Província (mais tarde Assembléia Provincial) elaborava uma *lista tríplice*, que o Presidente da Província submetia ao Imperador, que escolhia um dos três. No caso dos candidatos ao Senado, havia, ainda, a condição de que fossem homens de notório saber, e com bons serviços prestados à Nação. D Pedro II velava com a maior atenção pelo estrito cumprimento destas exigências, para que não passasse "camarão pela malha". Como resultado, o Senado viu-se povoado de homens realmente notáveis por suas luzes, seu patriotismo e sua probidade.

A circunstância de ser o voto *censitário* e *indireto* nada tinha de estranhável ao tempo: ele assim era nas monarquias constitucionais européias, e a própria Revolução Francesa, no período mais desvairadamente igualitário do regime da Convenção jacobina, distinguiu sempre "cidadãos ativos" e "cidadãos passivos" — os segundos, os *non possidentes*, não sendo eleitores nem elegíveis. Nem Robespierre, nem Marat, pensaram em contestar esse estado de coisas. Só Babeuf ousou atacar a discriminação entre cidadãos ativos e passivos — e acabou guilhotinado, sob os aplausos de uns e de outros. A burguesia, entronizada no poder pela Revolução, não admitia brincadeiras com o princípio da propriedade. O voto censitário desapareceu em nosso século, mas o voto indireto continua em vigor nas mais legítimas democracias, para a eleição do Chefe do Governo e mesmo de Senadores: veja-se a Alemanha.

A Lei de 19 de agosto de 1846 regulamentou e aperfeiçoou o processo eleitoral. Os Conselhos Gerais das Províncias passaram a denominar-se Assembléias Provinciais. No ano seguinte o Decreto de 20 de julho de 1847 criou o cargo de Presidente do Conselho de Ministros, cujo primeiro titular foi o Senador Alves Branco. Por falta de regulamentação, as atribuições do cargo permaneceram um tanto vagas; e, na realidade, o Presidente do Conselho de Ministros do Império nunca chegou a ter, na ordem constitucional, a força de uma autoridade igual à de um Primeiro-ministro britânico na mesma época. Nunca foi mais do que um *primus inter pares*. Sua principal função era a de intermediário entre o Trono e o Poder Legislativo, no desempenho do mister, que lhe era confiado pelo Imperador, de formar o Gabinete, procurando os apoios adequados para garantir-lhe a necessária maioria parlamentar.

Cabe interrogar-nos sobre a *legitimidade* do processo eleitoral que conduzia à formação das Câmaras. A que ponto era *autêntico*, verdadeiramente representativo da vontade da Nação esse processo de escolha?

A resposta é que o processo eleitoral era, sob o Império, indubitavelmente eivado de fraudes e distorções de toda espécie, desde o aliciamento, ou melhor, a arregimentação de eleitores sob a chefia de caudilhos políticos locais (que caudilhos militares nunca tivemos sob o Império) até a falsificação de atas.

Em suma, tudo aquilo que perdurou intacto sob a República até 1930, sob as denominações de "eleições de bico de pena", "currais eleitorais" e "voto de cabresto". Somente a Revolução de 1930 trouxe em seu bojo, e incorporou à Constituição de 1934, o voto universal e secreto.

Esses vícios, aliás, verificavam-se também nos países mais cultos, historicamente berço da Democracia fundada na representação parlamentar. Na obra-prima de Charles Dickens *As Aventuras de Mr. Pickwick*, o grande autor descreve, com *verve* de repórter político, uma eleição em uma cidade provinciana da Inglaterra, por volta de 1840. Tudo se passa como no Brasil da mesma época.

Isto dito, somos levados a indagar-nos se a introdução do voto secreto proporcionou realmente um progresso qualitativo na composição das Câmaras. Um observador imparcial, ou cínico se quisermos, adotando uma fria e realista visão da História, poderia ser levado a concluir que a composição qualitativa das Câmaras resultantes de eleições "de bico de pena" foi, em termos gerais e em média, perceptivelmente superior à de legislaturas posteriores, eleitas sob o mais puro e inviolável sigilo eleitoral, em cabines indevassáveis e sob a fiscalização de uma justiça especial. Verificamos, por exemplo, que no Congresso Nacional dissolvido em 1930, na Comissão de Constituição e Justiça da Câmara dos Deputados, composta de 22 membros, TODOS OS 22 eram formados em Direito, e 20 DOS 22 ERAM PROFESSORES DE DIREITO. Desde então, temos visto tomar assento naquela Comissão Deputados que não eram nem sequer bacharéis em Direito, quanto mais doutores de borla e capelo.

A alta qualidade da composição das Câmaras sob o Império, mais ainda do que sob a República Velha que lhe sucedeu com um elenco de personagens em grande parte formados sob o Império, deveu-se a vários fatores.

Já no início a raiz do processo, o caráter *distrital* do sistema eleitoral permitia dar um caráter de autenticidade ao pleito, pois a disputa opunha candidatos conhecidos dos eleitores, e não o extenso rol de ilustres desconhecidos com que o sistema "de lista" confronta os eleitores. Se o eleitor sob a Monarquia podia ou não optar realmente por sua preferência era outra questão; mas de qualquer modo a "campanha eleitoral", feita em âmbito restrito e na base de aparecimento pessoal dos candidatos, era pouco custosa, não dando margem portanto ao terrível "fisiologismo" que desde então veio gangrenar as nossas Câmaras, e que em bom português se pode chamar de vasta corrupção, imposta pelos enormes gastos de campanha, dos quais o candidato, a não ser que tenha vastas posses e exemplar espírito público, necessita ressarcir-se, ou ressarcir a terceiros que o financiaram — ressarcimento que só pode ser feito em detrimento dos interesses públicos, da ética e da moral. Somos hoje, ai de nós, uma sociedade política que incorporou uma "cultura da corrupção".

Tal não se dava sob o Império. Os livros de História do Brasil não nos apontam para o período qualquer sintoma de corrupção política ou administrativa, de notória concussão, peculato, tráfico de influências, nem sequer de "trens da alegria" como os que temos visto trafegar com tanta freqüência e tão apinhados de passageiros, partindo da sua Estação Central na Praça do Congresso.

Existia, sim, sob o Império, e em alto grau, o vício do nepotismo, traduzido em um verdadeiro *spoils system* na Administração Pública. Era porém, na época, traço comum a todos os países, testemunhado na literatura: veja-se o último livro de Stendhal, <u>Lucien Leuwen</u>, veja-se para Portugal a obra de Eça; e, afinal, a expressão *spoils system* foi cunhada nos Estados Unidos da América, e lá existe ainda o sistema: se vencem eleições os democratas, há degola de funcionários republicanos, e vice-versa. Muito se criticou a ingerência política na eleição dos Juízes de Paz no Império; mas ainda hoje os Promotores Públicos nos Estados Unidos da América são eleitos em processo de nítida configuração político-partidária.

Enfim os dois Partidos rivais buscavam recrutar representantes de escol, jovens talentosos, que eram postos à prova primeiramente em funções municipais, depois a nível provincial, chegando com o tempo à Câmara dos Deputados nacionais, e eventualmente ao Senado do Império, para talvez alcançar a Presidência de alguma Província. Havia, sim, o que se conhecia na Roma antiga como o *cursus honorum*, uma carreira cujos degraus eram galgados um a um, conforme a capacidade de cada um.

Pelas décadas afora, até o fim do regime monárquico, o Poder Legislativo do Império funcionou sem tropeços nem atropelos por parte da Coroa, em um sistema político bipartidário dentro do qual os dois partidos, o Conservador e o Liberal, alternavam no poder com regularidade de gangorra, podendo se contar, até 1889, exatamente o mesmo número de Gabinetes conservadores e de Gabinetes liberais — o número ímpar do total sendo compensado por um Gabinete misto, de união nacional. Cada vez que o Gabinete no Poder atingia um ponto de desgaste, o Soberano, sempre de acordo com o Presidente do Conselho ou mesmo por sugestão deste, dissolvia a Câmara e chamava a novas eleições.

Sem a menor dúvida, essas eleições exprimiam a opinião apenas de uma minoria da população, o contingente eleitoral sendo, devido ao crivo censitário, sensivelmente inferior ao universo da população adulta. No entanto, pode-se legitimamente argumentar que aquele universo "eleitoral" representava praticamente a totalidade da *Nação pensante*, dos brasileiros suficientemente esclarecidos para formar opiniões válidas sobre os interesses locais e nacionais.

O fato é que, de toda a mais clara evidência, os comícios da época monárquica conduziram aos cargos eletivos uma representação nacional de alta qualidade por qualquer critério, inclusive se comparada ao meio político de qualquer país europeu, quanto mais de outros países do continente americano. Veja-se mais uma vez Charles Dickens: em suas notas de viagem aos Estados Unidos da América ele descreve um elenco político ao qual nada fica a dever o do Brasil na mesma época.

Certo é que, ao longo do tempo, as lides político-partidárias no Brasil fizeram emergir do seio da Nação, e levaram às duas Câmaras legislativas, uma extraordinária, magnífica legião de estadistas da melhor qualidade, com altos padrões de cultura, capacidade, probidade e patriotismo, homens que, em ambos os Partidos, fossem eles "Caramurus", "Saquaremas" ou "Luzias", em todos os tempos asseguraram ao país competente e esclarecida direção. Sem dúvida, em ambos os Reinados, ou, melhor dito, nos três, pois D. João VI foi muito legitimamente Rei do Brasil, existiu o que se chamou de "Ação palaciana"; uma certa influência foi exercida por grupos chegados à Corte — muito especialmente enquanto brilhou a estrela do "Clube das Joanas", formado em torno do Camareiro-mor Paulo Barbosa da Silva, em sua "Quinta da Joana". À medida, porém, que D. Pedro II foi adquirindo, além da prodigiosa cultura que foi sua, também a rica experiência política, o instinto de estadista, a prudência e clarividência que veio a demonstrar tantas vezes, a sua influência, sempre discreta e respeitosa da autoridade dos Ministros, fez-se sentir mais de uma vez, em forma sempre de sábios conselhos, muitas vezes solicitados pelos sucessivos Presidentes do Conselho. Nunca, porém, a presença do Monarca fez-se sentir além dos limites fixados pela Constituição. Sua Majestade, aliás, sabia quanto a Coroa foi bem servida por homens que, sem poder ambicionar o primeiro lugar no Estado, sentiam-se felizes e privilegiados em poder servir a Nação na condição honrosa de Ministros dessa mesma Coroa, que foi o elo de ouro que manteve unida e intacta a América portuguesa na forma do grande Brasil, ao tempo em que a América espanhola esfacelava-se em tantas Repúblicas desunidas e rivais.

Ao relermos os fastos das Câmaras do Império, vemo-las consteladas, através de quase um século, de grandes nomes. Citemos alguns ao acaso, sem ordem cronológica: **Paulino José Soares de Souza, Visconde do Uruguai; Honorio Hermeto Carneiro Leão, Marquês do Paraná;** o **Senador Vergueiro;** o **Marquês de Olinda, Araújo Lima;** o segundo **Visconde de Cayru, Silva Lisboa;** o **Senador Vergueiro; Limpo de Abreu, Magalhães Taques, Teofilo Ottoni, Holanda Cavalcanti, Araújo Vianna, Costa Carvalho,** o **Visconde de Monte Alegre, Araújo Porto Alegre, Bernardo Pereira de Vasconcellos, Aureliano de Souza,** o **Marquês de Abrantes, Cansansão de Sinimbu,** o **Barão de Cotegipe, João Maurício Wanderley,** o **Conselheiro Saraiva,** e talvez o maior entre tantos grandes, o Visconde do Rio Branco. "J' en passe, et des meilleurs", podemos dizer, parafraseando Victor Hugo em *Hernani*.

Câmaras ornadas por tantos talentos não podiam deixar de exercer efetivamente uma forte influência sobre a conduta do Governo. Longe de desempenhar papel passivo ou decorativo, pôde-se dizer delas:

"Sobre a legislatura pesava, nos
seus mínimos detalhes, toda a
vida do país... Os Ministros não
tinham descanso: eram obrigados
a dar contas minuciosas de todos
os seus atos."

Podemos, à guisa de conclusão sobre o tema, citar palavras de Rocha Pombo:

"Não houve talvez, em país algum,
corporação política mais operosa
do que a Assembléia Geral do Império."

Maio/90

MISTER FOUR PER CENT

O grande magnata financeiro Calouste Gulbenkian, de origem armênia mas radicado em Portugal, amealhou uma fortuna inimaginável como intermediário em grandes transações internacionais, especialmente no domínio do petróleo. Por seus serviços cobrava invariavelmente a taxa de cinco por cento do montante do negócio; de onde ficou-lhe o apelido, afetuoso e até respeitoso, de "Mister Five per Cent". Com isso, tornou-se um dos homens mais ricos do mundo.

De sua imensa fortuna, "Mister Five per Cent" fez o uso mais esclarecido e mais generoso em favor de sua pátria de adoção e de homens e mulheres de vários países. Patrocinou as artes e as ciências, criou centros de pesquisa e de alta formação profissional, abriu carreiras a homens de valor, criou um fabuloso patrimônio artístico gerido pela Fundação que lhe sobreviveu, e que tem o seu nome.

Os jornais noticiam que, segundo declarações de um Ministro, uma influente personalidade política, com grandes poderes na distribuição de verbas do Orçamento Federal, resolveu tabelar os seus serviços pela taxa de quatro por cento das verbas atribuídas, inclusive razoável superfaturamento, às obras aprovadas para inclusão no Orçamento.

Se exata, essa notícia é altamente alvissareira. Primeiro, porque a taxa cobrada seria grandemente inferior à tabela usual do "Cadê o meu" vigente em Brasília, marcando assim um sensível progresso na moral pública, na ética parlamentar e nos costumes políticos do País. Segundo, porque podemos visualizar assim aquela esclarecida personalidade política formando, graças a essa moderada taxa, inferior aos cinco por cento de Calouste Gulbenkian, uma enorme fortuna que ele, sem a menor dúvida, em vista do espírito cívico de que dá mostras, consagrará patrioticamente ao fomento das artes e das ciências, à formação de novas gerações de cientistas e pesquisadores brasileiros, à farta distribuição de bolsas de estudos, à construção de uma grande pinacoteca e de uma biblioteca mais vasta do que a do Vaticano ou do Congresso norte-americano, uma grande Universidade, tudo colocado sob a gestão de uma Fundação que sobreviverá ao seu benemérito fundador, e cujo padroeiro será sem dúvida São Dimas.

Convém atentar, com respeito, para o fato de que Dimas, o Bom Ladrão, foi o único santo canonizado pessoalmente por Nosso Senhor Jesus

Cristo do alto da Cruz; ele é o primogênito dos bem-aventurados do Paraíso cristão inteiro. De onde se vê que a profissão de ladrão não é incompatível com a santidade.

Sou informado, sempre pelos jornais, de que o Presidente da Comissão de Orçamento da Câmara dos Deputados haveria declarado, com o desassombro e a sinceridade de um varão de Plutarco, que a aprovação das propostas feitas por membros da Comissão obedece, de modo usual, preponderantemente a um "critério político", "os critérios técnicos podendo ficar em segundo plano para o atendimento político" (*O Globo* de 14.12.96). Fortes e nobres palavras! Alguns de nós já suspeitávamos de algo parecido, desde que nos foi contado o bonito conto de fadas dos Sete Anõezinhos do Orçamento; mas agora surge a Verdade em toda a sua singela rudez.

Nada de mais justo, aliás. Que melhor meio, indago eu, para assegurar a tão anhelada distribuição de renda, orientando-a para mãos capazes, em vez de pulverizá-la entre pessoas ignorantes que usariam o dinheiro para finalidades subalternas, como comprar comida?

Aliás, de todo o sempre o grande instrumento para a consecução de altos fins políticos foi a judiciosa distribuição de recursos pecuniários. Assim Júpiter derramou uma chuva de ouro no regaço da ninfa Danaë, de cujo apoio precisava para a sua reeleição à Presidência da Assembléia dos Deuses do Olimpo, combatida pela oposição do Partido dos Titãs (PT). A ninfa passava por possuir, no dito regaço, um poderoso instrumento de sedução e persuasão.

Existem pessoas de espírito mesquinho e tacanho que reprovam a participação de representantes do Povo nas benesses do Erário Público. Essa é, obviamente, uma posição retrógrada e anacrônica, que impediria a formação de grandes fortunas de origem política, que extravasam forçosamente para a Sociedade não só pelas despesas suntuárias, mas pela sadia distribuição de renda pública em favor das rendas particulares de políticos esclarecidos.

A grandeza do Império Romano teve o seu fundamento nas riquezas acumuladas pelos concessionários da arrecadação dos impostos, que formavam a classe dos Cavaleiros Romanos (<u>equs Romanus, id est publicanus</u>), os publicanos, cuja profissão era exercida na Palestina, no tempo de Jesus Cristo, pelo Apóstolo São Mateus — o puro e grande Santo. Os publicanos não faziam outra coisa senão desviar o dinheiro público do Erário (onde ele seria desperdiçado) para os seus próprios cofres, criando essa capacidade de investimento nacional que é a chave da prosperidade. Graças a eles, puderam ser erguidas as magníficas obras públicas, devidamente superfaturadas, cujas ruínas fazem até hoje a admiração do mundo.

A quanto haveriam montado quatro por cento sobre o orçamento aprovado para a construção do Coliseu?

Ao longo da História, brilham os homens públicos que souberam fazer bom uso particular de sua capacidade de administração do orçamento do Estado. Às vezes, é verdade, ocorriam com eles acidentes de percurso: o Barão de Semblançay foi enforcado, e Fouquet, por ordem de Luiz XIV, acabou os seus dias em uma lôbrega masmorra; mas o Cardeal de Richelieu, o Cardeal Mazarino, são até hoje honrados pelo reconhecimento dos franceses pelo muito que fizeram, e perdoados pelo muito que roubaram. Têm os seus nomes em ruas e suas estátuas em praças públicas; tenho a certeza de que assim será um dia com Mister Four per Cent, que saberá, ele também, deixar atrás de si obras monumentais, monumentalmente superfaturadas — como o foram, sem a menor dúvida, as Pirâmides do Egito.

Parece-me que estou a ver, no longínquo futuro, a apoteose de Mister Four per Cent. O venerável ancião apeia-se de um dos seus Rolls-Royces e aborda a rampa do Palácio do Planalto, na qual alinha-se uma guarda de honra de duas filas de anõezinhos empunhando picaretas de ouro, logo entrecruzadas, formando um docel sobre sua cabeça. No topo da rampa, o Presidente da República vem ao seu encontro para conduzi-lo ao salão onde o esperam o Presidente do Congresso e o Presidente do Supremo Tribunal Federal. Sobre uma mesa, o ato de doação de todos os seus bens, com reserva de usufruto, em favor da Fundação Four per Cent. O homenageado assina com mão firme. Estrugem as palmas. Emoção geral.

No dia seguinte, o Presidente do Tribunal de Contas da União queixar-se-á de que sua entrada foi impedida pela segurança do Palácio, muito embora declinasse o seu nome e qualidade.

"VAMOS PARAR DE ROUBAR?"

"*Muchachos, no robemos más!* Se pararmos de roubar, este país endireita-se em dois anos." Más línguas em Buenos Aires, e até línguas muitíssimo boas, atribuem esta comovente exortação a um conhecido prócer político e sindical argentino, dirigindo-se a seus pares.

O Governo do Presidente Menem convidou a visitar a Argentina, para estudar a situação econômica do país, a Senhora Ruth Richardson, que, como Ministra da Economia da Nova Zelândia, levou ali a cabo profundas reformas econômicas, administrativas e fiscais, cujo resultado foi uma brilhante recuperação da economia do país, até então seriamente combalida.

A sua receita para a Argentina foi simples e clara:

1. Privatizar tudo o que for privatizável;

2. Desregular tudo o que for desregulável;

3. Transformar o Estado em um instrumento eficaz para assegurar o crescimento da economia e aumentar a oferta de empregos.

Isso, esclareceu a economista neozelandesa, significa utilizar racionalmente os recursos disponíveis. Para tanto, recomendou ela empregar duas "ferramentas":

1. *Obrigar todas as pessoas que trabalham para o Estado, em qualquer esfera do Governo, a prestar contas de sua eficiência em suas funções.*

2. Realizar uma reforma capaz de garantir eficiência no uso dos dinheiros públicos. A base do sistema deve ser que *todos os órgãos do Estado devam comprovar permanentemente, perante auditoria independente*, sua acertada gestão dos recursos que lhes foram alocados.

Quanto à primeira exortação, ela seria redundante aqui, porque no Brasil ninguém rouba. A prova é que nenhum dos rigorosos inquéritos (no Brasil todos os inquéritos são *rigorosos*) instaurados para apurar supostas irregularidades chega a apontar um culpado, muito menos colocá-lo na cadeia. Logo, não há culpados, nem irregularidades.

Quando pessoas mal-informadas referem-se a roubalheiras, maracutaias ou qualquer tipo de negociatas, trata-se de meras confusões. Há tempos, por exemplo, a opinião pública agitou-se em torno do chamado caso dos "Anões do Orçamento". Na realidade, não se tratava de *anões*, mas sim de *gnomos*. Ora, os gnomos são pequenos seres cuja principal ocupação é garimpar ouro em suas galerias subterrâneas. São entes benfazejos, como se vê na história da Branca de Neve. Seu maior prazer é acumular ouro, e com ele atender a atividades beneficentes, como sejam beneficiar as pessoas que os tratam bem ou enriquecer entidades caritativas em benefício de si próprios. Tão inocente era a ação dos Gnomos do Orçamento que o mais *rigoroso* inquérito parlamentar deixou-os incólumes. Trezentas picaretas (na estimativa de um habitante do lugar, o Deputado Luiz Inácio) erguem-se para saudá-los cada vez que a sua memória é evocada nos garimpos do Rio de Ouro que corre debaixo do Palácio do Congresso.

Quanto à receita neozelandesa, essa poderia ser assunto de alguma reflexão aqui. É verdade que firmas internacionais de auditoria poderiam empalidecer ante a tarefa de avaliar corretamente o desempenho de nossos administradores públicos, por faltar-lhes a "dimensão do social".

Com efeito, uma certa confusão reina a respeito, por erro de apreciação. Quando a televisão mostra as imagens de esqueletos de hospitais, esqueletos de escolas, carapaças vazias de usinas hidroelétricas, conclui-se levianamente que se trata de obras culposamente inacabadas, embora pagas. Reside aí um mal-entendido: todas aquelas obras já atingiram a sua finalidade. O que aparece no cinescópio da televisão é apenas a sua parte visível: a parte invisível foi concluída, e acha-se solidamente presente em diversas contas bancárias, no país ou no exterior.

A saudação "Cadê o meu?" que freqüentemente assusta as pessoas que tentam atravessar os emaranhados cipoais de Brasília é uma simples fórmula ritual, derivada do "Anauê, ó meu!" usado antigamente, segundo os historiadores integralistas, pelos índios do Brasil. Não denota qualquer intenção hostil: pelo contrário, é um convite cordial para uma aproximação mutuamente vantajosa.

Quando leio que o déficit de caixa do BANESPA eleva-se a muitos bilhões de reais, enternece-me pensar quanta gente se beneficiou do atendimento daquele Banco e de seus congêneres em outros Estados, transformados em cornucópias derramando, qual Júpiter sobre a ninfa Danaë, uma chuva de ouro sobre pessoas, empresas e partidos políticos merecedores e necessitados.

Foi derrubada no Congresso a tentativa de impedir, no decurso do exame do Projeto de Orçamento, a apresentação de emendas ao mesmo, ficando permitido a cada Deputado apresentar 20 emendas — serão portanto admissíveis 10 mil emendas, com um teto para cada Deputado de 500 milhões de reais para o valor de suas emendas. Isso dá-nos o confortável teto de 250 bilhões de reais para irrigar as respectivas "bases"— com alguns respingos talvez para seus próprios jardins.

Não há como contestar o valor social dessa munificência; mas decerto os contribuintes mereceriam também uma verificação contábil do emprego e dos efeitos dos bilhões de reais derramados.

Bem sei que existem órgãos para isso: um Tribunal de Contas da União, os Tribunais de Contas Estaduais e os Tribunais de Contas Municipais. Só no Estado do Rio de Janeiro, o respectivo Tribunal de Contas abriga (ou asila) dois mil e duzentos funcionários. Não tenho notícia, todavia, de que todos esses funcionários, no Brasil inteiro, para não falar dos Ministros ou Conselheiros seus superiores, tenham sólida formação em contabilidade pública.

Em França, a Cour des Comptes é uma coisa muito séria, formada de altos magistrados, uma das poucas instituições que sobreviveram à Revolução Francesa e, através de três séculos, vem monitorando impavidamente o emprego dos recursos do Tesouro. Mas a França conta com um corpo de funcionários especializados, de competência a toda prova, os poderosos *Inspecteurs des Finances*, com solidíssimo preparo profissional na Escola Nacional de altos estudos de Administração; corpo que já deu à França até um Presidente da República.

Seria o caso para o Brasil, com tantos Orçamentos, de prover-se de um instrumento similar de formação de especialistas, e de guarnecer exclusivamente com eles os órgãos fiscalizadores do emprego de dinheiros públicos.

Afinal, para distribuir presentes dos deuses, temos a Loteria Federal, a Sena e outros esquemas congêneres, tão esclarecidos na escolha de seus beneficiários que já premiaram sete vezes seguidas um dos bons anõezinhos do Orçamento.

19/1/96

IMPEACHMENT: **MORATÓRIA QUAE SERA TAMEN**

Meu velho amigo J. Hogsworth Phogbottom, Senador pelo Partido Republicano dos Estados Unidos da América, e atualmente meu hóspede em meu sítio de Araras, tem passado os últimos dias em um estado de estupor.

"Como?!?!" exclama ele dez vezes por dia; "Nós, do nosso Partido, gastamos vários meses e milhões de dólares tratando de coligir indícios suficientes para promover o "impeachment" do Presidente Clinton, que no fim de contas só fez de errado uma troca de carícias superficiais com uma funcionária da Casa Branca, isto é, traiu ligeiramente sua esposa, mas não sua Pátria, não deu sequer um <u>cent</u> de prejuízo ao Federal Reserve Board nem ao Tesouro dos Estados Unidos; e Vocês têm aqui no Brasil um Governador de Estado que, por um ato deliberado, causou, para começar, a perda de <u>quatro bilhões de dólares</u> das reservas brasileiras, que saíram do país levando consigo investimentos estrangeiros; abalou o crédito e o bom nome do Brasil no exterior; com o reflexo da perda de valor dos títulos brasileiros no exterior, com o reflexo da perda de valor dos títulos brasileiros no mercado internacional; abalou os alicerces das principais Bolsas de Valores do mundo inteiro — a começar pelas de São Paulo e do Rio de Janeiro, com prejuízos de grande vulto para milhares de investidores que não foram eleitores deste Governador; o rombo nas contas externas do seu país vai ter que ser coberto, naturalmente, por severas medidas de aperto fiscal, isto é, com o dinheiro dos contribuintes, do público em geral, que vai ser sangrado para uma transfusão dos seus bolsos para a Receita Federal e dali para o Banco Central! Se este senhor não for objeto de um processo de "impeachment" e julgado criminalmente por crime de lesa-Pátria, nós americanos, que por muito menos do que isso enforcamos Benedict Arnold, teremos que reabilitar a sua memória e votar uma pensão em favor de seus descendentes".

Tentei explicar ao meu amigo que medidas tão severas dificilmente seriam tomadas no caso. Primeiro, porque o bom senso e a reta razão não são aqui requisitos para o desempenho de funções eletivas. Já tivemos, mesmo, um Presidente da República que, se submetido a uma junta médica, facilmente houvera conseguido admissão em uma clínica psiquiátrica. Segundo, porque a vigarice, quando praticada por uma alta autoridade, é, por antiga e respeitável tradição, isenta de punição. Revelei ao meu atônito amigo que aliás, na Província governada pelo personagem cuja irresponsabilidade tanto o escandalizava, o calote havia sido, mesmo, canonizado como a mais sagrada de suas tradições históricas, desde que, há mais de duzentos anos, a Província tentou passar o primeiro calote oficial, deixando de recolher ao Tesouro Real o produto de um imposto. A esse Calote Histórico deu-se o nome de "Inconfidência", e , como podia ele ler nos jornais, um grupo de várias dezenas de Prefeitos Municipais da Província, prestando solidariedade ao seu Governador, invocavam aquele sagrado precedente assumindo para o seu grupo a denominação de "Nova Inconfidência". Esperando, talvez, aplicar no Governo local o mesmo calote que este promete aplicar no Governo Federal.

O perigo, concordei finalmente com o meu amigo yankee, é que, se a moda pega, o Governo Federal pode ver-se ilaqueado por outros Estados caloteiros, e a braços com um déficit fiscal de dimensões gigantescas. Para cobri-lo, privado de acesso às grandes fontes de recursos até hoje prontas a ajudá-lo, poderá ver-se obrigado a recorrer à medida do desespero que é a emissão de moeda sem lastro — e teríamos rapidamente de volta a nossa velha conhecida, Dona Inflação, inimiga do povo inteiro e mais cruel com os mais pobres, Dona Inflação, que o atual Governo Federal, por um esforço realmente admirável, conseguiu jugular e expulsar do Brasil. Carestia de vida, escassez de gêneros, ciranda financeira, tornariam a dançar em torno de nós a sua ronda sinistra. A inadimplência brasileira nasceria da Inconsciência Mineira.

E dizer que tudo isso, os Quatro Cavaleiros do Apocalipse campeando sobre um Brasil ordeiro, enfim redimido de longas angústias, seria obra de um personagem cômico, tirado de corpo inteiro de um conto para crianças de Charles Perrault: "Riquet à la Rouppe" — Riquet do Topete.

MINISTÉRIO DOS DEVERES HUMANOS

Os jornais noticiam a intenção do Governo de criar, no embalo dos futuros Ministérios do Desenvolvimento e da Defesa Nacional mais um novo Ministério, o Ministério dos Direitos Humanos.

Tal iniciativa seria, de todos os pontos de vista, louvável e útil ao país. Afinal cada novo Ministério é mais um excelente cabide de empregos, precioso manancial de cargos ditos "de segundo escalão", ou mesmo de terceiro, quarto e quinto, para serem mercadejados entre os fiéis aliados políticos do Governo em troca de votos no Congresso, ou pelo menos da garantia de presença em plenário para assegurar quorum. Poder-se-ia assim fazer reluzir ao olhar dos dedicados partidários do Governo uma farta colheita de postos de DAS, de APN e de outros indispensáveis instrumentos de uma administração pública eficiente. Sem contar a atribuição a meritórios cavalheiros do cobiçado título de Ministro, com prerrogativas não despiciendas de ordem protocolar e mesmo material — como suntuosa vivenda na "Península dos Ministros", automóveis oficiais, e amplo lugar em seus Gabinetes para encaixar parentes e amigos. Que o titular da pasta possua ou não conhecimentos sobre os assuntos afetos à mesma é evidentemente coisa de somenos importância.

Aliás, nada de mais cômodo e "politicamente correto" em matéria de inovação administrativa do que chover no molhado. Temos um Ministério da Indústria e Comércio incumbido de fomentar a produção industrial, com o poderoso apoio do BNDES. Temos um Ministério da Agricultura incumbido de fomentar a produção agrícola, com o poderoso apoio da Carteira de Crédito Agrícola do Banco do Brasil. Temos um Ministério das Minas e Energia, incumbido de fomentar a produção mineral e energética. Nada mais óbvio, portanto, do que a necessidade imperiosa da criação de um Ministério da Produção para coordenar todos esses tipos de produção, legislando, por exemplo, com o apoio do Instituto de Metrologia, sobre o tamanho das latas (produção industrial) destinadas a conservar sardinhas, e sobre o tamanho das sardinhas (atividade pesqueira) para caberem nas latas.

Temos três Ministérios militares, incumbidos de cuidar dos assuntos referentes às três Forças Armadas — nenhum deles, aliás, privativo de militar para gerir a pasta. Todos três já tiveram à sua frente Ministros civis: a Marinha teve o Ministro João Alfredo, o Exército, o ilustre Pandiá

Calógeras, a Aeronáutica Salgado Filho. Temos também um Estado Maior das Forças Armadas, cujo Chefe tem status de Ministro de Estado, para coordenar a ação dos três Ministérios. Nada mais natural e lógico do que criar um quinto Ministério, o da Defesa Nacional, para coordenar a ação dos quatro outros. Será o protótipo do carro de cinco rodas, que a indústria automotriz tenciona lançar para substituir os carros de quatro rodas, já obsoletos.

É verdade que a Lei de Parkinson ensina que a eficiência de qualquer Governo está na razão inversa do número de seus Ministérios. É verdade também que autores respeitados em matéria de organização administrativa sustentam que o "span of control" que pode ser exercido eficazmente, em qualquer escalão, por um chefe é de sete subordinados diretos, ou no máximo oito. Além desse número, qualquer Conselho executivo, seja na Administração pública ou na empresa privada, transforma-se em comício popular. Por isso a Argentina, há longos anos, já limitou a **oito** o número dos Ministros do seu Governo. Só os oito Ministros despacham diretamente com o Presidente da Nação. Cada um deles tem na sua alçada Secretários de Estado de Estado para assuntos específicos — que não têm acesso ao Presidente, despachando com os respectivos Ministros.

Essas teorias, porém, são obviamente impróprias a um país tropicalista e psicodélico como o Brasil. O indicado aqui é, ao contrário, abrir largamente o mercado persa ao regateio de compra e venda de votos, com vistas a garantir a aprovação de medidas do mais alto interesse público — que, infelizmente, nem sempre coincide com o interesse político dos "Augustos Representantes da Nação" — como, no tempo do Império, as Falas do Trono denominavam os parlamentares.

Eis porque muito me surpreende que, nesse contexto, ninguém haja até agora pensado em criar ainda mais um novo Ministério, que preencheria utilmente uma óbvia lacuna: **o Ministério dos Deveres Humanos.** Afinal, tanto se fala, com justo louvor, de criação de um Ministério dos Direitos Humanos; mas ninguém se lembra de sua evidente e necessária contrapartida, que seria o Ministério dos Deveres Humanos.

Teríamos assim mais um cargo de Ministro de Estado, assistido por um numeroso Gabinete e por vários Secretários de Estado, também cada qual com sua formigante assessoria. Teríamos a Secretaria Nacional dos Deveres Escolares, a Secretaria Nacional do Dever Conjugal, a Secretaria Nacional dos Deveres Religiosos, conforme as várias confissões; a Secretaria Nacional dos Deveres dos Motoristas e dos Pedestres; cada uma servida por um importante quadro de funcionários. Há, evidentemente, o perigo de que algum louco proponha a criação de uma Secretaria dos Deveres Cívicos e Morais — mas esse desatino seria facilmente eliminado no

Congresso, comprovadamente imune a uma idéia tão subversiva, que poderia abrir as portas aos piores excessos. Bastariam os 205 votos que derrubaram a Medida Provisória da Previdência.

Deixo aqui, pois, consignada a minha sugestão, de que seja imediatamente criado o Ministério dos Deveres Humanos. Se me for oferecida a Pasta, pensarei seriamente em aceitá-la, contanto que me agrade a mansão posta à minha disposição na Península dos Ministérios.

MULHER DE MALANDRO

"Bancário carioca", disse-me o meu amigo Brederodes, do alto de sua experiência de ex-Secretário de Insegurança Pública de seu Estado, "é feito mulher de malandro: gosta de apanhar. Veja você o que diz aqui *O Globo*: de janeiro a junho deste ano, 182 agências de bancos assaltadas no Rio de Janeiro: são *30 assaltos mensais*, seja um por dia." Segundo *O Globo*, o Sindicato dos Bancos do Rio de Janeiro informa que isso representa *50% a mais do que em 1997*, quando a média mensal foi de *apenas* 19 assaltos. Há portanto uma saudável animação das atividades dos assaltantes, provando a sua confiança irrestrita no sistema bancário brasileiro.

Estávamos recordando o dia em que, refugiados na portaria de um edifício da Avenida Rio Branco, próximo à esquina da Rua Sete de Setembro, assistimos a uma correria desabalada de populares espavoridos, pontuada pelo ruído de tiros e de sirenes de viaturas policiais. Fora assaltada uma agência bancária. "E no entanto", prosseguiu Brederodes, "sei de ciência certa que os bancos brasileiros gastam, em conjunto, a bagatela de *um bilhão de dólares anuais* em medidas de segurança. Não obstante isso, agências bancárias são assaltadas com monótona freqüência, e quase invariavelmente com êxito. As agências são protegidas, decerto, por custosos equipamentos: travas de portas-borboleta, câmeras cinematográficas ocultas, televisão de circuito fechado, e agentes de segurança — uniformizados para serem facilmente identificados pelos assaltantes, e armados para fornecimento gratuito de armas aos arsenais dos bandidos. Você já ouviu falar, nos últimos anos, de assaltos de bancos em Londres, Paris ou Nova York?" "Não", respondi, "nem no Arizona, a não ser nas histórias em quadrinhos das aventuras de Lucky Luke e dos Irmãos Dalton em 1910. Sei de assaltos engenhosos, mediante longos túneis cavados debaixo de ruas até os porões de bancos, mas nunca à luz do dia."

"Pois bem", tornou Brederodes, "veja o assalto do outro dia, não em Belford Roxo mas em Ipanema, na Praça da Paz Celestial. Quatro homens invadem uma agência bancária. Começam por dominar, como sempre, três seguranças (???), que não vão, evidentemente, arriscar a vida pela modestíssima paga que recebem, tomam as suas armas, tomam o dinheiro, e saem tranqüilamente do banco, para fugir em duas motocicletas. Por acaso, um cabo PM (que não tem nada que ver com o sistema de segurança do Banco) intercepta e mata dois deles. Os dois outros escapam."

Isso recordou-me outro caso, também recente, esse em São Paulo, em que quatro bandidos, ostensivamente desarmados, entraram em uma agência bancária, sem despertar as suspeitas dos "seguranças". Uma boa velhinha, que entrara antes deles, levava quatro pistolas em sua sacola de supermercado. Surpresa! Surpresa!

Porque não ocorrem mais, há muitos anos, essas cenas dramáticas em Nova York, Londres, Paris ou Zurique? Talvez porque, nas agências bancárias que conheço naquelas cidades, o público fica separado dos funcionários por uma placa de vidro à prova de balas, que corre todo ao longo do balcão. Em cada guichê de caixa abre-se, debaixo da placa protetora, uma estreita fenda, demasiado estreita para que possa passar por ela um dedo, quanto mais o cano de uma arma; nessa fresta trabalha uma bandeja giratória. O cliente deposita nela o seu cheque, a bandeja gira, o caixa recolhe o documento, deposita nela o dinheiro, a bandeja gira de novo, e o cliente apanha o dinheiro. Não há grade no "guichê", a conversação entre cliente e caixa é por microfone. O funcionário está livre de qualquer violência.

Se, porém, ocorre algo de suspeito entre o público, cada caixa tem ao alcance do pé um pequenino pedal, um simples botão, que, pressionado, desencadeia um alarme de barulho infernal, tranca todas as portas, e o alarme é transmitido à delegacia policial mais próxima.

É claro que isso não elimina a hipótese dos assaltantes, uma vez acionado o alarme, recorrerem à tomada de reféns entre os clientes para garantir a sua fuga. Bons profissionais, porém, conscientes da pouca rentabilidade de tais tomadas de reféns, preferem abster-se procurando alvos mais fáceis. Os bandidos do Primeiro Mundo são tão capacitados para fazer uma avaliação de risco, uma *"risk evaluation"*, quanto qualquer gerente de agência bancária: são tão pouco propensos quanto estes a aceitar riscos excessivos.

Evidentemente, parte da vultosa verba de segurança dos Bancos representa cobertura de seguros contra assaltos — o que torna estes assaltos relativamente indolores para os Bancos —, mas não para os funcionários ou clientes das suas agências, feridos ou mortos durante assaltos espetaculares que alimentam com sensacionalismo as crônicas policiais, como foi o caso na Praça da Paz Celestial em Ipanema.

II – Última Flor do Lácio Espezinhada e Murcha.

"... Última flor do lácio, inculta e bela..."

(Olavo Bilac)

RÉQUIEM POR UMA LÍNGUA MORTA

Vivemos uma época de rápida extinção, no Brasil como em outros países, de espécies da fauna e da flora.

A "última flor do Lácio", por exemplo, vê-se no Brasil singularmente murcha, estiolada e desfolhada, diariamente pisoteada, tanto pela população em geral como, o que é muito grave, pelos chamados *"mídia"* — expressão que já é em si um barbarismo, no sentido gramatical da palavra, transcrição fonética da pronúncia inglesa da palavra latina *media*, plural de *medium*, significando "meios", subentendido "de comunicação de massa".

Existem, sem dúvida, grandes mestres da língua em nossa literatura contemporânea e em nossa imprensa, mas já mestres de uma língua morta, como os latinistas e os helenistas. A língua vive — ou morre — na boca do povo.

Ora, na boca do povo o português morre aos poucos. Já faleceu, por exemplo, o verbo DIZER, hoje substituído abusivamente pelo verbo FALAR: as pessoas usam correntemente, exclusivamente mesmo, este último pelo outro. Ouvem-se a cada instante frases como "ela FALOU que iria ao cinema", "ele FALOU para mim (!) que está aborrecido" em vez de "ela DISSE que ia ao cinema", "ele DISSE-ME que está aborrecido". FALAR é o ato de utilizar uma linguagem articulada. FALA-SE inglês. FALA-SE português, FALA-SE francês, FALA-SE alto, FALA-SE baixo. DIZER é exprimir-se por meio de palavras. Até a indústria de publicidade, que deveria manter alguma espécie de autocensura para assegurar o respeito à língua pátria, concorre para o linchamento do vernáculo. Nestes dias, a agência publicitária incumbida da propaganda de certa marca de produtos alimentícios vai ao ar pelas ondas do rádio e da televisão com um *slogan* que reza: "Se o presunto é Bobalhão, ninguém FALA não."

Falecido também, na boca do povo, o pronome "LHE", resultado do desuso em que vem caindo a terceira pessoa do singular na linguagem popular. Já ouvi, ao fazer uma compra em uma loja, a funcionária da caixa dizer-me: "*O senhor* paga aqui, e depois naquele balcão vão TE entregar o embrulho." Resultado, também, do péssimo ensino da língua nas escolas primárias.

Outra palavra riscada do dicionário é POBRE. Foi substituída por "CARENTE", o que é uma imbecilidade, pois "carente" não tem significado nenhum sem um qualificativo: carente de cálcio, ou carente de afeto, carente de alguma coisa, enfim. "Carente", sozinho, *não é* sinônimo de pobre.

Enquanto algumas palavras são assassinadas e sepultadas no esquecimento, outras são estupradas por um uso impróprio.

Da colocação dos pronomes nem falemos: sempre nos censuraram os portugueses nossos cochilos por esse lado, mas agora é toda a nossa imprensa que abre largos títulos como "O Presidente *SE IRRITA*" (quase diário durante o Governo Itamar).

A língua abastardiza-se, ou mesmo animaliza-se. Hoje uma pessoa que não entenda bem algo que ouviu, em vez de dizer "como?", diz "oi?", o que não é sequer um vocábulo, é um grunhido. Este grunhido também substitui freqüentemente o "alô" convencional nas ligações telefônicas.

O desrespeito à língua estende-se às profissões liberais. Já ouvi um oftalmologista incorrer no erro, generalizado no povo, de dizer "UM ÓCULOS", "O MEU *ÓCULOS*", em vez de ÓCULOS, "*OS MEUS ÓCULOS*" — cuspindo em cima da concordância do artigo com o verbo.

A esse tipo de agressões soma-se outro, a introdução no idioma da transposição para o português de palavras de idiomas estrangeiros. Seguem alguns exemplos.

— "EVIDÊNCIAS", no sentido de *PROVAS*. Em inglês, *evidence* tem esse sentido; mas não aqui.

— "CÓPIAS", no sentido de *EXEMPLARES* (de um livro, de um disco). Tirado do inglês *copies*; mas não se tiram aqui três mil *cópias* de um livro ou cinco mil de um disco; e sim outros tantos *exemplares*.

— "RESGATAR", no sentido de *SALVAR*, ou de *RECUPERAR*. Lê-se nos jornais que os "bombeiros tentam *resgatar* os cadáveres das vítimas do desmoronamento", ou a "a Marinha conseguiu *resgatar* os sobreviventes do naufrágio". Bobagem! Nem os bombeiros nem a Marinha fizeram nada disso. *RESGATAR* tem, em bom português, um sentido bem preciso: é *OBTER A LIBERAÇÃO* de alguém *CONTRA PAGAMENTO DE RESGATE*.

— "RESPALDO", por *APOIO*. É castelhanismo; em português "respaldo" é o espaldar de uma cadeira. Vem da leitura de despachos de agências noticiosas internacionais, em língua espanhola, por gente que não sabe a sua própria.

— "INFORME", por *RELATÓRIO*. Mesma origem. "Informe" no Brasil é termo técnico dos órgãos de informação: é uma *informação* ainda não completamente verificada.

— "MANÍACO", por *LOUCO*. Em inglês *maniac* significa realmente "louco"; mas em português MANÍACO é uma pessoa que *tem manias*. É um absurdo escrever, por exemplo, que "o assassinato da jovem é atribuído a um *maníaco*", em vez de "a um louco".

— "DESINFORMADO", por *MAL-INFORMADO*. "Desinformação" é termo técnico do mesmo campo: designa dados falsos, deliberadamente plantados para induzir em erro.

As novelas televisadas, nas quais milhões de espectadores encontram pa-drões de comportamento social, de ética e de moral familiar, também concorrem para o aviltamento do idioma, já pelo uso de expressões chulas, já pela incorreção da linguagem: nelas ninguém mais pergunta "o que é isto", mas o *"o que é que é isto"*? A mesma fonte de educação popular expõe o seu público jovem ao massacre da segunda pessoa do singular dos verbos: "TU *VIU*?" "TU JÁ *SABE*?" em lugar de *"TU VISTE"* ou *"TU JÁ SABES?"* Reza-se por alma do nosso tão brasileiro *Você*, forma popularizada do antigo *"Vossa Mercê"*. O povo não sabe mais usar corretamente a terceira pessoa.

É impossível ler um jornal, mesmo dos mais prestigiosos, sem tropeçar em impropriedades na parte noticiosa.

Por exemplo: "os terroristas ameaçam EXPLODIR o avião". Errado: o que os terroristas ameaçam, é FAZER EXPLODIR o avião. Ninguém *explode uma bomba*: a bomba é que explode. Alguém pode *fazê-la explodir*.

E mais: "ADMITIR" usado no sentido do verbo inglês *to admit*, que em português é RECONHECER, CONFESSAR ou PERMITIR A ENTRADA.

A Era da Informática vem contribuindo para a depredação da língua com termos de jargão selvagem como o novo verbo "ACESSAR" — por TER ACESSO A.

Que dizer da conspurcação do vernáculo pela ingestão brutal de palavras estrangeiras, com casca e tudo? Isso dá monstrengos nacional-cretinóides como UÍSQUE, BOATE, FUTEBOL, e termos quejandos *ad usum asinorum*, feitos sob medida para reprovados no Mobral, incapazes de reconhecer a pronúncia dos vocábulos estrangeiros. Os franceses nunca afrancesaram o *WHISKY*, o *FOOT-BALL*; nem eles nem os alemães, os suecos, os holandeses, nem qualquer outro povo culto.

A *ignorância* do português faz usar o verbo IGNORAR no sentido do inglês *to ignore*, que é totalmente diferente: isto é, no sentido de "NÃO LEVAR EM CONTA", "DESPREZAR", "FAZER CASO OMISSO DE", exemplo: "o Ministro IGNOROU as convocações da Comissão da Câmara". IGNORAR, em português, significa unicamente *não saber*. Exemplo: "quem assim fala ou escreve IGNORA a língua pátria".

Notícia freqüente nos jornais, nestes tempos de desordens, é algo como: "A Polícia não conseguiu impedir o SAQUE do supermercado." "Ó alarves!" como diria (não *"falaria"*) Camillo Castello Branco; SAQUE é uma operação bancária. *Saca-se* um cheque. A depredação de uma loja é um SAQUEIO. Confunde-se SAQUEAR com SACAR.

Nossa esperança é que a Academia Brasileira de Letras pegue em armas e conclame a Nação, o sistema educacional do Brasil, a Imprensa, a uma cruzada patriótica em defesa da língua portuguesa, que já foi dita "a um tempo esplendor e sepultura", mas agora, perdendo cada dia no Brasil o seu esplendor, resvala para a sepultura reunindo-se, no limbo das línguas mortas, ao latim, ao grego clássico, ao egípcio e ao hitita.

E assim, de esbarrão em trambolhão, vai despencando encosta abaixo o belo idioma de Eça de Queiroz, do Visconde de Castilho, de Camillo Castello Branco, de Garrett, de Machado de Assis, de Graça Aranha, resvalando para um cassange impróprio a qualquer expressão de idéias nobres ou de altos conhecimentos.

Esperamos também que o Poder Público preocupe-se com a qualidade do ensino de português nos ciclos primário e secundário.

Sem isso, à falta de uma vigorosa cruzada de "defesa e ilustração da língua portuguesa", tudo indica que no século vindouro já será lícito parafrasear a ironia de Bernard Shaw relativa aos Estados Unidos e à Grã-Bretanha, e constatar que o Brasil estará separado de Portugal pelo Oceano Atlântico e pelo idioma.

2/12/95

QUERIDA, ENCOLHERAM NOSSO VOCABULÁRIO

Um afilhado meu, em dias de sua adolescência, foi suficientemente cabeludo e queimado de sol para poder, sem atrair a atenção, sentar-se nas areias de Ipanema junto a um grupo de surfistas, que diariamente reuniam-se naquele ponto. Meu afilhado, jovem animado pelo espírito de pesquisa, prestou durante semanas um ouvido atento à conversação dos seus vizinhos, tomando cuidadosos apontamentos. Chegou, assim, a verificar que a linguagem por eles empregada consistia aproximadamente de cinqüenta palavras, entre elas quatro ou cinco palavrões usados como pontuação das frases.

A Doutora Marjorie Higginbottom, do Departamento de Simiologia da Universidade de Little Rock, que, no interesse da ciência, conviveu durante 12 anos com um grupo de chimpanzés em uma floresta do Gabão, conseguiu anotar nada menos de 30 sons distintos, usados por aqueles primatas para comunicar entre eles. Diga-se de passagem que esse rico vocabulário explica a facilidade com que o célebre Tarzan (mais tarde Lord Greystoke) comunicava-se com sua companheira Chita (a futura Lady Greystoke).

Depreende-se dali que os antigos surfistas de Ipanema dispunham de um vocabulário apreciavelmente mais extenso do que os chimpanzés do Gabão. Agora, porém, nós todos, no Brasil, estamos expostos a um alarmante ritmo de erosão da linguagem, que ameaça reduzir-nos a um nível lingüístico semelhante ao daqueles nossos distantes primos africanos.

Confrange-me o coração fazer o necrológio de palavras mortas de nosso idioma: elas já são legião

1. O verbo HAVER, obliterado pelo verbo TER. *Diz-se "tem* festa lá em casa esta noite", *"tem* muita gente no salão", etc.

2. FELICITAR e CONGRATULAR, eliminados em favor do cafônico neologismo PARABENIZAR.

3. O verbo DIZER, sepultado pelo verbo FALAR. O que se ouve hoje são coisas como "ele não *falou* nada para mim" — em vez de "disse-me".

4. LEGUMES, engolidos impropriamente pela palavra VEGETAIS — absorção do inglês *vegetables*. Em português, todos os legumes são vegetais, mas nem todos os vegetais são legumes.

5. ASSOLAR, substituído abusivamente por ARRASAR: "um temporal *arrasou* a cidade". Ora, *arrasar* uma cidade significa ao pé da letra não deixar pedra sobre pedra, fazer tudo *raso*, como fizeram os romanos com Cartago. Os nossos temporais não chegam a tanto; o que é pena no caso de Brasília.

Os verbos DESEJAR, PROJETAR, GOSTAR DE, TER VONTADE DE: massacrados pela expressão verbal altamente *cafônica* "ESTAR A FIM DE".

A nossa língua está sendo não somente pauperizada pela depredação, pela brutal amputação de grande número de palavras, mas desonrada por palavras chulas, grosseiras, fesceninas, na linguagem coloquial.

Darei apenas um exemplo. Em outros tempos, para designar jocosamente um bajulador, usava-se a expressão "um *chaleira*"; e a ação de bajular, de adular, era dita "*chaleirar*". Essas expressões tinham uma origem histórica, tirada de uma modinha carnavalesca, cujo estribilho era:

"Yayá me deixa
Subir essa ladeira,
Não sou da turma
Que pega na chaleira."

A alusão era à Ladeira onde residia o poderoso prócer político Pinheiro Machado. Pinheiro Machado era gaúcho de lei, e em sua casa conservava o hábito do chimarrão. Segurar a chaleira para servir o "poderoso chefão" era um privilégio. Hoje, aqueles inocentes e pitorescos vocábulos são substituídos pela grosseria das chulas expressões "puxa-saco" e "puxar o saco".

A permissividade dos tempos contribui para que hajam sido incorporadas à linguagem corrente palavras que há 20 anos ninguém ousaria pronunciar em presença de pessoas dignas de respeito. Hoje florescem em lindas bocas de mulheres e meninas expressões outrora de uso apenas entre carroceiros da Limpeza Pública, no tempo das carroças de lixo puxadas por muares.

É sabido que um grupo de distintos filólogos do Rio de Janeiro acha-se empenhado, há 30 anos, na elaboração de um "Grande Dicionário da Língua Portuguesa", e seus trabalhos avançam tão velozmente que já conseguiram concluir o verbete "abacate". Talvez essa obra monumental, sofregamente consultada pelas gerações a vir, possa ressuscitar a língua pátria. No intervalo, porém, o nosso vocabulário ameaça encolher no nível do idioma dos índios ianomani.

O grande empresário japonês Akio Morita, no famoso *best-seller* em que faz o relato de sua vida, narra um fato curioso.

No momento dramático em que, depois do lançamento da segunda bomba atômica, o Japão viu-se totalmente à mercê do inimigo, o Imperador assumiu a terrível responsabilidade de anunciar à Nação a derrota final e a capitulação incondicional. Foi feito ao povo o anúncio de uma fala do Imperador, a ser irradiada por todas as radiodifusoras do país — não havia ainda chegado a era da televisão.

No dia e na hora anunciados, o pai de Akio Morita vestiu-se de fraque, sua esposa de quimono de grande cerimônia, e postaram-se ambos, de pé e reverentes, frente ao aparelho de rádio para ouvir as augustas palavras de Sua Majestade. Ouviram, profundamente curvados diante do receptor; e não entenderam patavina. O Imperador usara, com efeito, a língua falada na Corte, um japonês arcaico, erudito, clássico, cerimonioso, já então ininteligível para o comum dos mortais.

Ponho-me a pensar que se no ano de 2096 o Papa resolver dirigir, em português, uma mensagem televisada aos brasileiros, ninguém entenderá absolutamente nada. Imagino dois Deputados, em Brasília, depois de ouvirem as palavras de Sua Santidade. Um deles perguntará ao colega: "Sacou, bicho?" Ao que o outro representante da Nação responderá: "Bulufa, cara."

24/4/96

O BORZEGUIM E O PAPAGAIO

Em princípios deste século ocorreu a extinção de uma língua européia: o Cornish, língua céltica da Cornualha, aparentada ao galês mas bem distinta desta. As duas últimas pessoas a falar esse idioma foram uma velhinha e seu papagaio. A velhinha morreu por volta de 1910 e o papagaio pouco mais tarde.

Chegaremos provavelmente ao ano 2000 com a língua portuguesa ainda viva no Brasil, pelo menos parcialmente; mas não é possível prever quanto ela durará no próximo século. Há regiões inteiras em que ela já está quase olvidada. Em Brasília, por exemplo, o que se ouve geralmente falar, nas ruas, nas lojas ou nos Ministérios, é o paraibano, o pernambuquês, ou outras línguas exóticas.

Consola-nos um pouco pensar que na Índia, cujo território não chega a representar a metade da área do Brasil, coexistem 14 línguas oficiais e mais de 200 idiomas regionais, reconhecidos como vernáculos. Dói-me, assim mesmo, ver a minha língua materna não só olvidada, mas insultada, agredida e mutilada.

Há poucos dias, conversando, não com um catador de lixo, mas com uma pessoa culta, formada em Direito e havendo ocupado um elevado cargo público, ouvi esse cavalheiro referir-se a uma alta autoridade policial como "um mero BORZEGUM". Não foi um *lapsus linguae*, pois o meu interlocutor repetiu mais duas vezes a expressão. Imagino que quisesse dizer *beleguim*, expressão às vezes usada pejorativamente para referir-se a um policial; evidentemente havia *desaprendido* a palavra certa, junto, provavelmente, com uma centena de outras.

No mesmo dia, ouvi pela televisão a notícia de que havia sido decidido INSTALAR um inquérito para investigar alguma irregularidade — provavelmente a ser apurada por outro "borzeguim". Ora, qualquer calouro de Direito sabe que a expressão correta é INSTAURAR, e não *instalar* um inquérito. A mesma crônica policial informou-me que um delinqüente havia sido PEGO em flagrante — por esta altura creio que 90 por cento dos brasileiros já ignoram que "PEGO" *não é* o particípio passado do verbo *pegar*; este particípio é *pegado* — palavra já sepultada na vala comum de uma ignorância geral.

Verbos inteiros, e não apenas os seus particípios, já morreram: por exemplo *enfrentar*, hoje substituído até nas tribunas do Congresso pelo verbo PEITAR — que existe realmente nos dicionários, mas com significado totalmente diferente, como sinônimo de SUBORNAR. No entanto, este verbo é freqüentemente conjugado em forma prática em vários círculos de nossas Administrações.

Cabe citar, mais uma vez, entre os verbos defuntos, o verbo DIZER, hoje substituído "cafonicamente" (vamos acrescentar esse advérbio à língua) por FALAR. Os jovens do melhor nível social hoje, em vez de dizer "*ele disse-me*" usam a forma "ele falou para mim" — modo de falar de gente ignorante.

O advérbio DEPRESSA morreu e foi substituído por RAPIDINHO, expressão infantil além de cafônica.

Vi-me obrigado a corrigir, até em matéria de seu ofício, um oftalmologista, ao ouvi-lo dizer, aflito: "onde *está* O MEU ÓCULOS?" Fiz-lhe notar que ele, oculista, tinha obrigação de saber que *óculos*, substantivo plural, requer concordância no plural. Certamente, porém, 90 por cento dos míopes do Brasil já não conseguem enxergar a concordância certa nesse caso.

Vejo também, em artigos de revistas e ouço na boca de pessoas que usam sapatos, e não apenas sandálias havaianas, o adjetivo HILÁRIO, para qualificar algo de cômico, de risível: uma palavra que não existe (a não ser como nome próprio, como na rua Hilário de Gouvêa) sepultando a palavra própria, que seria HILARIANTE.

Como fala-se cada vez pior, escreve-se mal. Vê-se escrever AUTO-FALANTE por "alto-falante", e, inversamente, MAL JEITO por "mau jeito". Ortografia, aliás, que pessoalmente deploro, pois sou do tempo do "geitinho brasileiro" e não do *jeitinho*. Receio a chegada do tempo em que serão feitas *jenerosas* doações a instituições filantrópicas (ou pilantrópicas). Em 1932 as forças revolucionárias paulistas foram comandadas por um general chamado Bertholdo Klinger, que inventou uma ortografia pela qual "General" escrevia-se JENERAL, e assim assinava ele suas proclamações. Por isso foi derrotado pelo GENERAL, com "G", Góes Monteiro.

Busquei refúgio nas páginas do *Diário do Congresso*, esperando encontrar ali orações de clássica perfeição, lembrando as de Demóstenes ou de Cícero. Cruel desilusão!

Ensina-me o meu amigo Oswaldo Ballarin, grande empresário e filólogo competentíssimo, que na Indonésia acabou sendo criado um novo idioma, o "Babasa Indonésio", de forma extremamente simplificada tanto no léxico quanto na gramática, eliminando todo aspecto erudito das antigas línguas ali faladas. Dá-me calafrios pensar que denominação tomaria, na boca do povo, um "Babasa Brasileiro"... Tampouco sinto-me consolado por saber que há vários anos já o filólogo russo Nikolai Fedorenko, em artigo na *Literaturnaya Gazeta*, de Moscou, inquietava-se com a crescente deturpação do idioma russo; ou que o erudito filipino T. R. Rimando constata com alarme que entre os jovens do seu país a língua correntemente falada já contém apenas 30% de palavras do idioma pátrio ancestral, para 70% de neologismos ou corruptelas.

Sou talvez um saudosista ultrapassado, obcecado por um futuro do qual não serei mais testemunha, mas cuja antevisão angustia-me. Assim um amigo meu japonês, quase octogenário, confidenciava-me o seu receio de que daqui a 20 ou 30 anos não existirão mais no Japão gueixas com alta formação profissional.

Assim sendo, resolvi comprar um papagaio e ensinar-lhe a recitar estrofes dos *Luzíadas* e trechos da *Cidade e as Serras* e da *Relíquia*. Envelheceremos juntos, dialogando no idioma de Camões e de Eça de Queiroz, enquanto a língua pátria afunda no limbo das línguas mortas.

16/2/96

# III – Cultura, Incultura e Agricultura

DA BURRIFICAÇÃO DO OCIDENTE

O título deste artigo encerra dois conceitos que necessitam ser esclarecidos.

Em primeiro lugar, a noção de "burrice" como "falta de inteligência", associada a um animal, jumento ou muar, ambos designados na linguagem popular pelo mesmo vocábulo, "burro", é uma inexatidão zoológica e uma injustiça. Os "burros" são na realidade animais sagazes, bem mais espertos do que os seus primos ricos, os cavalos.

Haja vista o caso, relatado na Bíblia, do burro de Balaam, que estacou na estrada porque via à sua frente, barrando a passagem, o anjo do Senhor; enquanto que o seu dono, apesar de sua clarividência profissional de Profeta, não conseguia enxergar o anjo. Balaam espancava o burro para fazê-lo avançar, até que o pobre bicho queixou-se com voz humana: "Por que me bates?", perguntou. "Não estás vendo, cretino, que ali no meio da estrada está um anjo com uma bruta espada na mão?" Creio que são esses os próprios termos do Antigo Testamento.

Note-se que, em toda a História Sagrada, o burro foi o único animal ao qual Deus concedeu milagrosamente o dom da palavra. Hoje em dia esse milagre acha-se bastante banalizado, como poderá constatar qualquer pessoa que se esqueça de desligar a televisão em horário de propaganda eleitoral.

Fique claro, portanto, que ao referir-nos a "burrice" estamos apenas usando uma expressão corrente, relacionada com a estupidez dos homens, e não dos solípedes.

Em segundo lugar, o "Ocidente" é uma expressão geográfica de valor muito relativo: para ir de Los Angeles, cidade "ocidental", para Tóquio, cidade "oriental", viaja-se em direção ao *Ocidente*, e não ao Oriente. O "Ocidente" não é, pois, uma expressão geográfica absoluta. A palavra *"Ocidente"* tem um significado em outra acepção: a de um conjunto de valores históricos e culturais, derivados basicamente da civilização greco-romana e da influência moral do cristianismo.

A cultura humanística fixou-se no Continente europeu, sua área geográfica coincidindo com a área de influência da religião cristã. Mais tarde, humanismo e cristianismo transpuseram juntos o Atlântico, para ocupar, embora com profundidade variável, a totalidade do Continente americano.

A cultura das sociedades ocidentais baseava-se, e continuou a basear-se até os nossos dias, no que se convencionou chamar "as humanidades", no conhecimento da literatura grega e latina, bem como dos modernos autores clássicos; tudo isso enquadrado em uma moldura de princípios éticos considerados apropriados à formação de seres civilizados e de homens de bem. Essa cultura valorizava a reta razão, a polidez no convívio social, o bom gosto e as boas maneiras.

Hoje, um grave mal ataca as raízes dessa cultura, no Brasil como nos outros países do Ocidente, pelo declínio dos padrões do ensino. A inteligência, como os músculos, desenvolve-se pelo exercício ou atrofia-se pela falta dele. Não solicitada, mal alimentada em aportes culturais, ela definha. O Ocidente emburrece.

No Estados Unidos, o *California School Board* acaba de recomendar a abolição do *homework*, dos deveres de casa, alegando que esses deveres são discriminatórios, já que alguns alunos têm acesso, em casa de seus pais, a livros ou mesmo computadores, nos quais encontram matéria para fazer deveres melhores do que os de colegas de famílias mais pobres. Por um raciocínio igualmente asinino, foram suprimidos no sistema escolar francês os prêmios de fim de ano e até a atribuição de notas nas provas mensais ou de fim de ano, sob o pretexto de que essa prática era "humilhante" para os alunos que obtivessem notas menos boas. Com isso, desapareceu o estímulo que nos fazia, no meu tempo de colegial, suar sangue e água, queimar as pestanas para *saber mais*, disputar os melhores lugares na colocação final. Sem essa sadia emulação, estabelece-se o nivelamento pela mediocridade — parte do processo de burrificação.

Na ausência de exigentes "deveres de casa", os jovens de idade escolar passam as horas de lazer burrificando-se diante dos aparelhos de televisão. Ora, se a televisão abre aos seus espectadores as fronteiras do espaço, ela não lhes franqueia a dimensão do tempo, com os ensinamentos da História. Ela mostra a rebelião da Chechênia ou a guerra civil na Bósnia, mas não explica o *porquê* daquela rebelião ou dessa guerra, as suas longínquas razões históricas. A cultura eletrônica está eliminando a cultura livresca. Perde-se o hábito de ler. A neta de uma amiga minha dizia à avó, em minha presença, que a mestra havia-lhe recomendado a leitura de certo livro; a avó perguntou à neta se já o havia lido. "Eu não!", redarguiu a menina, indignada; "isso de ler livro é um saco" — elegante expressão de uso corrente entre adolescentes de boas famílias.

Uma vertente pela qual rola encosta abaixo a qualidade do ensino público no Brasil é a miserável remuneração dos professores da rede pública, arrastando o declínio do nível desses mestres; e, para colocar o pináculo sobre uma montanha de estupidez, temos o tabelamento das taxas escolares, no momento em que a palavra de ordem é a *desindexação* da economia, deixando livres as forças do mercado. Ora, o saber é uma mercadoria como qualquer outra; no mundo empresarial vende-se e compra-se *know-how*. Na Suíça, em França, na Grã-Bretanha, existem escolas particulares caríssimas, ao lado de uma rede pública gratuita. Aos pais que querem colocar os filhos em escolas prestigiosas, é o caso de avaliar se o preço lhes convém. E esse o princípio basilar do Direito Romano, o *do ut des* — traduzido com grande felicidade por um conhecido político brasileiro pela fórmula "é dando que se recebe"; fórmula adotada por muitos de seus colegas e pela totalidade de um importante setor profissional feminino de prestadoras de serviços, inclusive também por amadoras atuando no mesmo campo.

A ordem de conhecimentos que mais prontamente naufraga é a das humanidades, essa essência da formação do homem civilizado. Ainda há pouco tempo, ouvi uma personalidade de considerável projeção política dizer que "o Presidente havia cortado *o nó górdio*" em determinada questão. Fiz-me de ingênuo e pedi-lhe que me explicasse o que era esse "nó górdio"; o que é que ele atava, e porque era chamado "górdio". Constrangimento geral: o importante personagem não sabia. Nem ele, nem qualquer dos demais presentes havia jamais ouvido falar da cidade de Gordium na Frígia, nem da oferenda votiva deixada em um templo daquela cidade, de um carro de bois cuja canga era atada com um nó tão prodigiosamente complicado que ninguém conseguia desatá-lo, muito embora um oráculo prometesse o domínio da Ásia a quem conseguisse tal façanha; nem do brutal recurso empregado por Alexandre o Grande ao visitar o templo: incapaz, ele tampouco, de desatar o nó mágico, puxou da espada e cortou-o.

Receio que, entre os principais personagens do cenário nacional, hajam muitos na mesma condição de ignorância humanística que aquele figurão: é o que eu chamo o processo de burrificação do Ocidente.

8/7/96

O CAIPIRA E O ÁTOMO

Há um quarto de século o Brasil enveredava enfim, com certo atraso, pela rota da energia nuclear, contratando com uma firma norte-americana a construção de sua primeira usina atômica: Angra I, planta de modesta capacidade. Era também o tempo em que a Argentina fazia o mesmo, construindo Atucha I.

Fosse pelo velho princípio de *"keeping up with the Joneses"* na rivalidade com a Argentina, fosse até por inteligência própria, o Governo brasileiro lançou-se, corretamente, em direção a patamares superiores, contratando com uma grande empresa alemã a instalação, no mesmo local da Angra I, de mais quatro usinas — Angra II, Angra III, Angra IV e Angra V, cada uma delas com o dobro da capacidade da precursora, Angra I.

Angra I teve uma infância difícil e uma adolescência atribulada. Fez jus ao *Guinness Book of Records* por começar a engatinhar aos 25 anos de idade. As suas quatro irmãs tampouco tiveram boas fadas madrinhas: Angra II teve um parto difícil, Angra III exige uma delicada operação obstétrica, e as Angras IV e V ainda não conseguiram encarnar em um útero orçamentário fecundo. Nós, os que assistimos à assinatura do contrato que as gerou, acreditávamos piamente então que a estas horas, já estariam as cinco usinas zumbindo de atividade, fornecendo poderosa carga energética às redes elétricas do Sudeste do Brasil.

Cabe frisar que aquilo que foi contratado não foi apenas a instalação das usinas; mas a implantação no Brasil do ciclo completo da energia atômica, desde a extração do minério de urânio, passando pelos estágios intermediários de refino e enriquecimento, até a fabricação final do combustível a ser utilizado nas usinas. O fecho triunfal do esquema seria a criação de uma grande fábrica dos equipamentos necessários ao funcionamento das usinas, com a competente transferência de tecnologia para o Brasil.

Conforme a boa norma tupiniquim de começar a construir a casa a partir da cumeeira do telhado, a primeira etapa do programa a ser completada foi a última, com a instalação, em Itaguaí, da gigantesca fábrica da NUCLEP, cuja imponente massa pode-se admirar de longe, assim como os peregrinos divisam, a grande distância, a Catedral de Chartres elevando-se acima dos trigais da Beauce. Fábrica que permanece há duas décadas praticamente ociosa. Também ela merece figurar no *Guinness Book of Re-*

cords como o maior elefante branco de todos os elefantes brancos, desde o Brasil até a Tailândia — país onde, como é sabido, os elefantes brancos são sagrados e de propriedade do Estado, igualzinho como no Brasil.

Este curioso estado de coisas, essa velocidade de caramujo na execução dos planos (apelidada pudicamente de "deslizamento de cronogramas"), derivou, entre outras coisas, de vários tipos de burrice — justificando a máxima de Roberto Campos, segundo a qual "a burrice no Brasil tem um passado glorioso e um futuro promissor". Nenhuma culpa coube, porém, às autoridades energéticas federais, que tiveram à sua frente homens de grande visão e da mais alta capacidade profissional, como John Cotrim, Mário Bhering e Camillo Penna — todos eles grandes "barrageiros" de formação, construtores de gigantescas usinas hidroelétricas, mas nenhum deles hostil a um programa nuclear cuja importância e necessidade eles, melhor do que o público menos informado, conheciam bem.

Um dos aspectos da burrice multifacética que conseguiu tão eficientemente frear o programa foi a descoberta, feita repetidas vezes ao longo do tempo por diversos "descobridores da pólvora", de que as usinas, planejadas para custar um x por quilowatt instalado, agora iam custar x + 1, x + 2 ou x + 3. Isso resultava da ignorância do princípio férreo de que as obras mais caras são as obras inacabadas. Enquanto as obras ficam paradas, os custos financeiros marcham, remunerando os financiamentos contratados para cobrir os custos do projeto.

Um outro tipo de burrice entorpecente que vitimou os cinco projetos de Angra verificou-se nos arraiais ecologistas aos quais pertenço. Tenho algumas credenciais para falar sobre o assunto, na qualidade de Membro há muitos anos, e atualmente Vice-presidente, da Comissão do Meio-ambiente da Câmara Internacional de Comércio, e Membro do Comitê Brasileiro do mesmo órgão. Há anos, portanto, que lido com várias espécies de ecologistas. Ao lado dos autênticos e esclarecidos defensores da Natureza, existem subespécies problemáticas: os ecoloucos e os ecochatos, incapazes talvez de definir um ecossistema, porém capazes de fazer muito barulho. Ora, conforme diz o rifão, "se um ecolouco incomoda muita gente, dois ecochatos incomodam muito mais".

O que sucedeu foi que ecoloucos e ecochatos encontraram amplo terreno na caipirice nacional para atrapalhar as idéias do povo inocente. Uns e outros abusaram torpemente da simplicidade caipira para incutir no povo uma pérfida e totalmente falsa analogia entre *usina atômica* e *bomba atômica*; sugerindo o mesmo perigo mortal e apocalíptico residente em ambas, em caso de explosão.

Ora, uma usina atômica, ao contrário de uma bomba atômica, não é feita para explodir; ela é feita para *não* explodir, e de fato, dezenas e dezenas de usinas nucleares existem pelo mundo afora, funcionando em condições de total confiabilidade. Foi preciso a insondável incúria e incompetência da tecnoburocracia estatal soviética para que se produzisse em Chernobyl o ÚNICO acidente de vulto ocorrido em uma usina nuclear, com repercussão no meio ambiente circunvizinho. O ÚNICO, porque o célebre acidente de Three-Mile-Island foi como a batalha de Itararé: o maior acidente que nunca aconteceu.

Aliás, a ingenuidade não é monopólio do Brasil. Em certo momento, estando eu em França, o Presidente da FRAMATOM, General Buchalet, convidou-me a assistir à inauguração de uma usina nuclear nas proximidades de Angers. Ao nos aproximarmos de Angers, já víamos os muros das aldeias que atravessávamos cobertos de cartazes com os dizeres "NON À L'ÉNERGIE ATOMIQUE". Junto à usina, um grupo de manifestantes elevava cartazes com os mesmos dizeres. Esses, porém, não eram ecoloucos nem ecochatos: eram *écologistes de choc*, armados de grossos cacetes. "São os mesmos", disse-me o General, "que estavam há dois meses em Besançon. Tenho as fotografias. São profissionais."

Enquanto isso, na Europa Oriental submetida à União Soviética, multidões delirantes, devidamente orquestradas, aclamavam a inauguração de *quatorze* novas usinas nucleares. A estratégia da URSS tendia a criar obstáculos, na opinião pública da Europa Ocidental, à ampliação da capacidade instalada de energia nuclear, de maneira a criar, na Europa não-comunista, deficiência de produção de energia elétrica.

Perfila-se no horizonte uma crise de abastecimento de energia elétrica no Brasil. Enquanto isso, o Japão, isento de complexos atômicos, constrói em ritmo acelerado usinas nucleares, *das quais já conta cerca de 50*, que no ano 2000, ao raiar o novo século, terão uma capacidade instalada global igual ao total da energia hidroelétrica atualmente instalada no Brasil.

O tempo passou. As motivações externas, como o comunismo internacional, desapareceram ao ser puxada a descarga da latrina da História. Mas continua a haver gente que teme efeitos mortíferos da operação das usinas de Angra. Ora, de todas as formas de geração de energia elétrica, salvo a que utiliza o gás natural, a geração nuclear é a que menos fere o meio ambiente. As usinas termoelétricas são altamente poluentes, levando à atmosfera nuvens de gases tóxicos. As usinas hidroelétricas, das quais o Brasil tem utilizado ao máximo o potencial, agridem o meio ambiente ao afogar sob as águas de suas represas vastas áreas de terras férteis, várzeas e belas florestas. Claro, ao subirem as águas nas represas saem três gatos-pingados em um barquinho para salvar meia dúzia de macacos. Mas, por cada bicho salvo, centenas perecem afogados ou vêm seu habitat destruído.

A energia nuclear tem a inestimável vantagem de permitir que os seus pontos de geração sejam localizados *junto* aos centros de consumo, não dependen- do da existência de cachoeiras, nem de extensas e custosas linhas de transmissão. Em Angra, ao contrário, as usinas situam-se exatamente no coração da rede elétrica servindo as regiões do Rio de Janeiro e de São Paulo, podendo remeter energia em um outro sentido, sem nada acrescentar ao custo de distribuição.

E atenção, ecologistas, ecoloucos e ecochatos: o único efeito do funcionamento das usinas de Angra sobre o meio ambiente da maravilhosa Baía de Ilha Grande é uma elevação de pouco mais de *um grau* centígrado na temperatura da água em um pequeno raio em torno das usinas; elevação à qual os próprios microorganismos da fauna marítima podem perfeitamente adaptar-se, e que os animais maiores, como os peixes, os homens e os ecologistas, nem sequer percebem.

FRÀ DIAVOLO E JECA-TATU

A imprensa noticia a condenação a quatro anos e seis meses de prisão de um frade franciscano, Coordenador da Comissão Pastoral da Terra da Arquidiocese de João Pessoa, por comandar a invasão de terras por elementos do MST, sendo enquadrado por isso em cinco artigos do Código Penal.

Ao que parece, o virtuoso monge, farto de ler o seu breviário e rezar o seu rosário na solidão de sua cela, resolveu meter-se na pele de Frà Diavolo, o frade que se fez um alegre chefe de bandoleiros em uma opereta levada ao cinema pelo Gordo e o Magro em uma desopilante comédia; ou na de Frei Tuck, o jovial capelão de Robin Hood e de seus *outlaws* do MST inglês do século XII. Neste último papel, o bom franciscano caiu, de cabo de enxada em punho, em cima de atônitos policiais paraibanos, equiparados aos esbirros do *Sheriff* de Nottingham.

Previsivelmente, dois sacerdotes seculares, que são militantes petistas, protestaram contra a sentença do Juiz de Direito da Comarca. O Arcebispo de João Pessoa, por sua vez, distribuiu nota acusando o juiz de "ENTENDER O DIREITO DE PROPRIEDADE COMO ABSOLUTO" — talvez lembrando-se da famosa máxima de Proud'hon de que "a propriedade é um roubo".

Aparentemente o Arcebispo aprova e encoraja essas violações da propriedade rural por considerar que os legítimos proprietários das terras fazem delas um "uso ilícito".

Ora vamos lá a um pouco de estudo dos Evangelhos. O Divino Mestre refere-se freqüentemente, com amor e com óbvio conhecimento de causa, aos trabalhos agrícolas e à vida do campo, mas nunca, NUNCA, sob a forma do minifúndio tribal. Muito pelo contrário: o que Ele conhece, a que se refere freqüentemente em suas Parábolas, é a propriedade rural de tipo capitalista e comercial, e não à agricultura de subsistência. Vejamos o Evangelho segundo São Mateus, e a bonita parábola — e tão apropriada à Igreja de hoje... — da cizânia entre o trigo. O que lemos? "*Accedentes autem SERVI patrisfamilias, dixerunt ei: Domine*" etc. Que me perdoem os corifeus de clerochanchadas se uso o latim, por eles anatematizado. É que o latim da Vulgata é de precisão científica e não se presta às distorções e contorções que, no vernáculo, vemos infligir mesmo aos mais sagrados textos. O dono, *dominus*, do campo tem, portanto, *servos* que se acercam a ele para pedir ordens; e ele lhes comunica o seu propósito para o tempo da colheita e as ordens que então dará aos ceifadores: *"in tempore messis dicam messoribus..."* E quais serão esses ceifadores, que obviamente não se confundem com seus servos? São trabalhadores contratados, ou seja — bóias-frias.

Passemos a outra parábola, a das vinhas do Senhor: Jesus ali compara o reino dos céus a um proprietário rural, que sai pelos caminhos à primeira luz do dia para contratar operários para a vindima. E como não bastam os "bóias-frias" que contratou de madrugada, sai mais três vezes pelas vizinhanças: à hora sexta, à nona, e enfim à undécima, quando o sol já descamba no horizonte. Na hora de receber o salário estipulado, os operários da primeira hora protestam, porque recebem o mesmo que os da undécima; e que diz o fazendeiro, nessa figuração do reino dos céus, imaginada por Jesus? *"Non licet mihi, quod volo, facere?"* Acaso não tenho o direito de fazer o que quero em minha própria terra?

Queira, pois, Sua Excelência Reverendíssima o Arcebispo de João Pessoa constatar que seu Mestre considerava, sim, o direito de propriedade rural como absoluto. *"Non licet mihi, quod volo, facere?"*

Isso disse Jesus há dois mil anos; mas o que dizem os peritos em economia agrícola sobre o ano 2000, que não está tão longe? Os peritos do Instituto Nacional de Pesquisa Agronômica da França afirmam que, graças às técnicas modernas, um tipo novo de homem do campo surgirá até o ano 2000. *"O arado não será mais o instrumento essencial do camponês, e sim o computador."* Mesmo o pequeno proprietário rural será um chefe de empresa, trabalhando mais com a cabeça do que com as mãos, a automação eletrônica substituindo a energia muscular. Esses peritos vêem o agricultor do futuro instalado em um escritório, com telefones à mão, estantes cheias de livros técnicos, muros cobertos de gráficos que lhe dão a posição de sua empresa sob qualquer aspecto. Um quadro de comando permite-lhe acionar cada setor de sua atividade. A teleinformática fornece-lhe as previsões meteorológicas, transmitidas por satélite artificial, os índices higrométricos, as análises de solo e a situação exata de maturação de suas culturas, e lhe permitirá programar no computador as atividades do dia. Calcula-se que dentro de 20 anos 500 mil agricultores alimentarão 50 milhões de franceses. Os tratores serão telecomandados; a mão-de-obra, toda altamente especializada.

Estamos, nessa visão informada do futuro meio rural, bastante longe da doutrina das Invasões de Terras; não é, positivamente, com um agricultor progressista, inteligente e próspero que sonham os conselheiros eclesiásticos das invasões de terras: é com Jeca-Tatu...

CAPACETES AZUIS PARA O BRASIL

O noticiário dos jornais anuncia diariamente as proezas de uma poderosa organização ilegal, o MCC (Movimento Com Caminhões), cujas colunas motorizadas e armadas, veiculadas por verdadeiras frotas de caminhões e contando com excelente apoio logístico (de onde sai o dinheiro para tudo isso?) percorrem o país de Norte a Sul e vice-versa, invadindo propriedades e agredindo ou aprisionando seus proprietários, destruindo instalações, desafiando as autoridades, desacatando a Justiça e até matando gente, além de atacar a Força Pública com foices e facões. Um país onde tais coisas ocorrem sem que o seu Governo tenha força ou coragem para pôr cobro a tais descalabros é, de toda evidência, um país em estado de grave comoção interna.

Agora as "manchetes" anunciam que o chefe do MCC, impropriamente chamado MST, AMEAÇA O GOVERNO COM ENFRENTAMENTO.

Quando uma facção AMEAÇA O GOVERNO COM ENFRENTAMENTO, coloca-se inevitavelmente a figura da desobediência armada — em outras palavras, da guerra civil, sob a forma, no caso, de guerrilha rural apoiada por agitação urbana "com participação", diz o chefe do Movimento, *da Igreja, de estudantes, de sem-teto, de operários, de profissionais liberais* e outras agremiações de classe. Está configurado o quadro da insurreição contra o Poder constituído. "*Usque tandem, Catilina*", até quando, Rainha, perguntaria Cícero se vivo fosse, vais abusar da paciência do Governo — que enquanto isso, parece imitar a política prudente do tatu: enrolar-se em forma de bola e fingir-se de morto.

Vigora em França, através dos tempos e sob qualquer Governo, um princípio histórico que tem força de lei: quando a autoridade do Governo é desafiada, quando ocorre um ENFRENTAMENTO entre baderneiros e a autoridade legítima, "FORCE DOIT RESTER À LA LOI": a autoridade deve prevalecer, custe o que custar e doa a quem doer. Foi assim que o jovem General Bonaparte dispersou, a tiros de canhão, as colunas de insurretos que marchavam contra a Convenção Nacional. Foi assim que tropas do Exército francês retomaram à viva força a cidade de Paris, caída em mãos dos anarquistas da Comuna em 1871. Foi assim que o General de Gaulle, em 1968, foi a Koblentz, Quartel-general das forças francesas estacionadas na Alemanha, para intimar pessoalmente ao General comandante das mesmas a ordem de preparar-se a marchar com suas tropas sobre Paris e reprimir ali a baderna estudantil que dominara a Capital.

A situação que vivemos atualmente é de grande perigo, e o Excelentíssimo Senhor Presidente da República tem, quanto a ela, a clara e justa consciência desse perigo, como prova a entrevista por ele concedida a um jornal português, na qual afirmou com sobrada razão: *"os Sem-terra nada têm a ver com a agricultura*; o movimento dos Sem-terra tem inspiração maoísta, guevarista e católica."

Tem plena razão o Primeiro Magistrado da Nação: o jornal *Zero Hora*, de Porto Alegre, publicou (a expensas da Prefeitura Municipal daquela cidade) um Cancioneiro dos Sem-terra, no qual figuram trovas como estas:

"Temos na Ásia o Mao e o Ho-Chi-Minh,
Parte da Ásia e na Europa têm o Lenin,
E aqui na América temos o Chê e o Fidel"

Adiante:

"Se for dura essa parada a gente pega nas armas;
A foice mudou seu uso e virou arma"

E ainda:

"A cerca foi derrubada,
A terra foi conquistada
Agora precisamos do poder"

Razão assiste também ao Senhor Presidente da República quando aponta a estranhável presença da Igreja Católica junto aos "Sem-terra — Com Caminhões". Todas as invasões de terras estão sendo apoiadas por sacerdotes ou religiosos ligados à Pastoral da Terra, militantes desse "catolicismo de esquerda" tão bem definido pelo grande pensador e escritor católico francês Léon Bloy em uma frase lapidar: *"le catholicisme de gauche est un protestantisme de merde"*.

Em que pese, porém, a clarividência do Senhor Presidente da República, os escalões inferiores do Governo, tanto na área federal quanto na estadual, não parecem dispostos a usar de medidas enérgicas. Intimidados talvez também pelo fato de que, nos raros casos em que as autoridades locais decidiram agir com rigor para dispersar bandos de desordeiros armados e agressivos, caiu-lhes em cima a indignada condenação de setores de opinião ingênuos ou coniventes com a desmoralização da autoridade pública, passando os agentes da Lei a acusados e réus.

Quando as autoridades, intimidadas e não apoiadas pelos escalões superiores do Governo, alheiam-se ao problema, ausentam-se da cena, o espaço — físico e político — é ocupado pelos adversários da ordem constituída, que prometem agora — e cumprirão — novos desmandos, novas violências contra as propriedades e as pessoas, novos desacatos às sentenças judiciais.

Não tendo o Governo, aparentemente, ou os meios ou a vontade política de combater o que já é uma insurreição declarada e armada, caberia talvez solicitar da ONU o envio de uma Força Internacional de Paz, com seus Capacetes Azuis, para restabelecer a ordem no Brasil.

A menos que o Presidente Fujimori, que revelou-se capaz de acabar com o Sendero Luminoso, do qual o MST é versão tupiniquim, envie forças do Exército peruano para resolver a situação.

Uma notícia alvissareira anuncia que o Governo promete "o fim da impunidade" nos incidentes ocorridos durante ocupações de terras no Pará: uma leitura mais atenta revela que os punidos serão os defensores das propriedades, e não os invasores.

IV – "Nossa Vida em teu Seio Mais Amores"

(Hino Nacional Brasileiro)

RIO, CIDADE SITIADA

Várias Constituições Federais sucessivas incluíram a figura do "estado de sítio" entre suas cláusulas, como medida extrema de que o Governo Federal poderia lançar mão para enfrentar crises internas de gravidade excepcional. Presidentes da República tivemos que governaram em "estado de sítio" durante praticamente a duração total dos respectivos mandatos. A atual Constituição segue o exemplo de suas predecessoras em seus artigos 137, 138 e 139.

Ora, o que é, ao pé da letra, um "estado de sítio"? É a situação vigente *em uma cidade SITIADA por inimigos*, enfrentando iminente perigo de assalto, saqueio e massacre.

Temos aí a figura exata da cidade do Rio de Janeiro, acossada e parcialmente dominada pelo crime organizado. Na verdade, o Rio de Janeiro tornou-se um arquipélago formado por ilhas de apavorados bairros cercados e ameaçados por organizações criminosas. Quem manda no Rio de Janeiro? Quem manda no Rio de Janeiro são os estados-maiores do tráfico de drogas e dos assaltos à mão armada. Mais uma prova, depois de cem outras, está nas páginas dos jornais do sábado 15 de fevereiro de 1997. É morto um bandido em tiroteio com as forças da ordem: o Governo paralelo, ou superposto, da cidade decreta luto oficial, e ordena que, em sinal desse luto, os estabelecimentos comerciais de um grande bairro fechem as suas portas. *E os comerciantes obedecem*. Obedecem porque eles sabem onde reside o verdadeiro poder, sabem que as autoridades legais não podem protegê-los, garantir a sua segurança, as suas vidas, em caso de desobediência.

A gravidade da situação mede-se pelo fato de que a Prefeitura do Rio de Janeiro vê-se obrigada, por pudor, a *reduzir de até 50% o IPTU* sobre prédios situados em "áreas violentas" — leia-se "zonas de perigo para os moradores e transeuntes". E onde estão localizadas essas "áreas violentas"? Em Copacabana, Ipanema, Gávea, Tijuca, Barra da Tijuca — bairros nobres e turísticos (*O Globo* de 22.02.97). Mais outro bairro faz jus à desusada generosidade da Receita Municipal: o Parque Guinle, ainda não há muito tranqüilo e aristocrático bairro residencial. A reportagem de *O Globo* publicada em 24.02.97 revela que os distintos moradores do Parque Guinle já beneficiam, eles também, do espetáculo noturno das balas traçantes enfeitando o céu, e os seus edifícios já ostentam as honrosas cicatrizes de buracos de balas. Na vizinha rua Campo Belo, um homem foi assassinado à luz do dia, e seu matador afastou-se tranqüilamente a pé, sem correr, seguro da impunidade. O valor das propriedades imobiliárias no bairro caiu: os proprietários estão sendo lesados pela impotência da autoridade pública.

Ninguém ignora, nem no Brasil nem no exterior, que no Rio de Janeiro é impensável para uma pessoa sair à rua, a pé ou de automóvel, com jóias, cordões de ouro, ou relógio de valor. O assaltante está à espreita em cada esquina — e disposto a matar. Ficou antológico o caso do turista argentino assassinado com um caco de vidro que cortou-lhe a carótida, por haver hesitado em entregar o relógio a um molecote de 12 ou 13 anos. Não é de admirar que os cabelos do Comitê Olímpico ponham-se em pé como puas de porco-espinho ante as propostas do "Rio 2004". Não é de surpreender que as simpatias do Comitê Olímpico inclinem-se por Buenos Aires, cidade onde é possível caminhar a pé pelas ruas ou dirigir automóvel sem receio de assaltos. Cidade onde os seqüestros, tão freqüentes no Rio, não ocorrem mais desde que as Forças Armadas reprimiram a guerrilha.

No Rio de Janeiro, a guerrilha contra a sociedade pacífica desdobra-se em verdadeiras guerras entre organizações criminosas rivais. Leio em *O Globo* de 22.2.97: "Guerra entre quadrilhas de traficantes assusta Tijuca", e abaixo: "Os tiroteios começam à noite e varam a madrugada... Moradores da rua Conde de Bonfim já se acostumaram a ver as balas traçantes que deixam um rastro luminoso no céu... Todas as noites acontece tiroteio. É metralhadora, fuzil, escopeta e bomba."

Uma cidade cujos habitantes beneficiam cada noite desse feérico espetáculo é uma cidade sem lei. Não se concebe que em um país civilizado possam existir *várias* corporações criminosas fortemente armadas, guerreando-se entre si, sem serem prontamente aniquiladas pelas forças da Lei. Se a Lei não tem força, o Estado não tem autoridade nem legitimidade. O Estado existe para proteger os direitos e a segurança da cidadania. Se o Governo local mostra-se impotente, cumpre ao Governo central intervir para restabelecer a ordem pública.

H. G. Wells, em seu livro *A Máquina do Tempo*, imagina os passageiros da máquina detendo-se em um ponto do futuro, em que encontram uma população vivendo em conforto à luz do dia, em tranqüilas paisagens bucólicas. Logo percebe-se, porém, que debaixo da terra, em lôbregas galerias subterrâneas, vive outra população que de noite emerge de seus antros para capturar e devorar habitantes da superfície.

Essa dicotomia é a que existe nesta cidade, entre a população ordeira e a *outra* população vivendo à margem da lei. Apenas aqui não chegamos ainda ao canibalismo.

O Rio de Janeiro é, para todos os efeitos, uma praça sitiada, na qual o inimigo já infiltrou poderosos meios ofensivos. O inimigo já está dentro dos muros. O que estamos esperando para decretar o "estado de sítio", cuja realidade nos entra pelos olhos? A guarnição faz o que pode; a Polícia Militar, embora não isenta de falhas, cumpre o seu dever, sofre grandes baixas, enfrentando um inimigo que não raro dispõe de poder de fogo superior. Outra reportagem sintomática da TV Globo mostrou-nos a triste realidade de soldados da PM que, obrigados pelo miserável soldo a morar em favelas, NÃO OUSAM VOLTAR FARDADOS PARA SUAS CASAS, com medo de serem assassinados. *O uniforme policial, que outrora inspirava respeito e temor aos marginais, hoje é um risco mortal para os policiais.* É o mundo às avessas.

A posição do "Mundo às Avessas" é bem caracterizada pelos assaltos a Delegacias de Polícia, dominando os policiais e soltando presos. Quem fica preso são os policiais, trancados no xadrez do qual saem triunfantes os bandidos.

Quando, em uma cidade ou um país, organizações ilegais dispõem de armamento e apetrechamento iguais ou superiores aos das forças da ordem, e estas não conseguem dominar o adversário, isso caracteriza um estado de comoção interna, com todos os traços da guerrilha urbana. O inimigo não está mais fora de portas: ele está dentro da praça. Fora de portas, aliás, já surge também, a guerrilha rural, politicamente dirigida, cujo claro objetivo não é meramente "assentar" roceiros, que às vezes nem são roceiros, em um modelo anacrônico e antieconômico de agricultura de subsistência: é ocupar espaço político e espaço geográfico, destruindo as estruturas sociais e os poderes legais para substituí-los por estruturas políticas revolucionárias. Revive o sonho do "Chê" Guevara, de criar outras "Sierras Maestras", segundo o seu manual de guerrilha rural, piedosamente traduzido para o português, no Brasil, por um prelado católico "de choque".

A situação é gravíssima. As Forças Armadas, por índole e tradição, repugnam em aceitar missões policiais, mas quando a polícia é ultrapassada em sua capacidade de manter a ordem, cabe lembrar que a missão precípua das Forças Armadas, sua própria razão de ser, é a defesa da Nação, do "país legal", contra qualquer inimigo — *externo ou interno*.

Mas as Forças Armadas que se cuidem também; há poucos dias a imprensa noticiou este fato estarrecedor: DUAS sentinelas, no portão de um quartel, deixando-se surpreender por bandidos encapuzados e entregando-lhes suas armas e sua munição, sem esboçar resistência nem dar o alarme. E não foi esse o primeiro roubo de armas de organizações militares.

Até quando as Forças Armadas poderão manter-se imunes e invulneráveis ao império das drogas e do crime?

Uma solução provisória poderia ser a contratação de seguranças particulares para as Delegacias de Polícia e para os quartéis.

SECRETARIA DE INSEGURANÇA PÚBLICA

Soube pelos jornais a notícia da nomeação do meu amigo Brederodes para o cargo de Secretário de Insegurança Pública do seu longínquo Estado natal. Estranhei o título, que pareceu-me devido a um erro tipográfico.

Havendo tido, porém, ocasião de visitar a capital daquele Estado, resolvi fazer uma visita ao novo Secretário de Estado: e tive a surpresa de ver, realmente, na fachada do edifício, os dizeres "SECRETARIA DE INSE-GURANÇA PÚBLICA". Intrigadíssimo, indaguei do meu amigo a razão daquela estranha denominação. "É lógico", disse-me Brederodes, "seria preciso que o nosso Governo fosse muito cara-de-pau para manter uma grande e custosa repartição com o título de Secretaria de Segurança Pública quando neste Estado não existe segurança para o público, nem de dia nem de noite, nem na rua nem em casa. No dia em que houver aqui total segurança esta Secretaria torna-se redundante e eu perco o meu emprego. Aliás, a primeira reclamação que recebi ao assumir o cargo foi dos detentos do Presídio de Segurança Máxima, queixando-se de que não existe lá para eles a mínima segurança. Mandei fazer uma vistoria e, mesmo em rápida revista e respeitando as lideranças, foram encontradas muitas dezenas de armas, desde canivetes e peixeiras até metralhadoras e uma moto-serra.

"Foram excetuados da revista, naturalmente, os alojamentos dos líderes do Presídio, aos quais fiz meramente uma visita de cortesia, para desculpar-me pelos transtornos que devia estar-lhes causando a balbúrdia da revista no resto do bloco. Constatei que aqueles aposentos ofereciam grau satisfatório de segurança e conforto, dispondo todos de ar condicionado, cama dupla, frigobar, televisão a cores, jacuzzi e telefone celular — assim chamado, como você sabe, porque os seus primeiros usuários no Brasil foram detentos em regime de prisão celular, que assim passaram a poder comunicar-se, desde as suas células, com seus sócios, amigos, parentes e corretores de Bolsa. Hoje o uso estendeu-se a todas as outras pessoas importantes, que podem mostrar sua importância falando alto, pelo celular, em locais públicos como salas de espera de aeroportos, ou de Ministros, e em casamentos, velórios e enterros. Tudo, quero frisar, a expensas dos próprios residentes, sem ônus para o Estado, pois somos uma Administração austera e não vamos gastar com criminosos dinheiro público, que pode ser melhor aproveitado de outras formas."

"Você, que mora em uma cidade pacata e ordeira como o Rio de Janeiro, não vai acreditar no que lhe digo: mas a triste verdade é que nesta nossa capital os bandidos executam pessoas na via pública e à luz do dia, assassinam um casal em sua própria residência e em presença de seus filhos pequenos, metralham e matam motoristas que não obedecem a seus sinais, interditam uma rua inteira em hora de maior movimento para assaltar um banco ou um carro-forte, ladrões de automóveis arrancam um braço de uma criança ao arrastá-la pela rua com o braço preso na porta de um carro roubado, um molecote de 13 anos mata um turista estrangeiro cortando-lhe a carótida com um simples caco de garrafa. E você acha que, diante de um quadro desses, eu teria cara para intitular-me *Secretário de Segurança Pública*?

"Mas, Brederodes", perguntei eu, "você deve ter meios de corrigir esse estado de coisas! Vejo muita gente aqui em todas as salas da sua Secretaria." "Bem", respondeu-me, "gente eu tenho. Só datilógrafas tenho 500, mas só tenho 10 máquinas de escrever, e oito delas estão quebradas. Aliás, isso não tem importância, já que as minhas datilógrafas não sabem escrever à máquina. Datilografia é coisa obsoleta em nossa era, que é a da informática e da eletrônica. Ainda assim, o meu quadro de datilógrafas é de alta importância no atendimento de pedidos de emprego feitos por políticos ou por cabos eleitorais do nosso Partido."

"Mas então", indaguei, "como são preparados os documentos de sua Secretaria?" "Ora essa!", respondeu-me, "esta repartição dispõe de material moderno e aperfeiçoado. Os meus escrivães, quando sabem escrever, como é o caso da maioria deles, digitam o expediente nos seus micros. Destes temos número mais do que suficiente, generosamente doados por uma empresa altamente conceituada que executa obras para o Estado. Também tenho viaturas, porque de vez em quando o Governo do Estado entrega-nos, com grande publicidade na televisão, dezenas de viaturas novinhas, compradas por licitação pública. Essas licitações, é bom dizer, são tão rigorosas que da última vez foram desqualificadas tecnicamente todas as propostas de marcas cujo nome não tivesse nove letras. Você compreende, não seria sério equipar a Polícia com viaturas com apenas quatro ou cinco letras no nome da marca. O problema é que não há dinheiro para comprar combustível para as viaturas. É esse o meu martírio: gente eu tenho, viaturas eu tenho. O que não tenho é dinheiro."

"Mas, Brederodes", objetei, "vocês não conseguem auxílio do Governo Estadual?" "Nem pensar", respondeu. "O Governo do Estado tem 110 por cento do montante de sua arrecadação comprometidos com a folha de pagamentos do pessoal. Como disse uma eminente figura há muitos anos, fazer política é nomear. Quase metade da população adulta dos três sexos deste Estado é composta de funcionários estaduais ou municipais, para atender a compromissos eleitorais. Então não sobra nada para material, obras, serviços e outros encargos."

"E o Governo Federal", indaguei, aflito. "O Governo Federal não vem em seu socorro?" "O Governo Federal é um santo", respondeu-me Brederodes. "O Governo Federal, aliás obrigado a isso pela sábia Constituição de 1988, despoja-se de quase a metade do que arrecada, transferindo o montante, de mão beijada, para os Estados e Municípios. Só que o dinheiro, ao chegar aqui, some mais depressa do que manteiga em focinho de cachorro. Já designei, até, um de meus melhores Delegados para investigar esse mistério. Só para meu governo pessoal, você entende, para satisfazer a minha curiosidade, pois não quero causar qualquer problema aos meus colegas.

"Em todo o caso", concluiu Brederodes, "não será tão cedo que esta Secretaria vai tornar-se redundante, nem vou, portanto, perder o meu emprego. Devo dizer que a nossa Assembléia Legislativa coopera para minha estabilidade funcional. No momento em que ela aumentou os vencimentos dos seus Membros para uma cifra justa e satisfatória, fixou em um salário mínimo o soldo dos soldados da PM, dos investigadores de Polícia e dos carcereiros. Isso leva a um regime de trabalho, para eles, de um dia de serviço para nove de folga, a fim de que possam exercer outras profissões e não morrer de fome com suas famílias. Além disso, os traficantes estragam o mercado de trabalho, pagando a um garoto de 10 anos, para vigiar a entrada de uma favela, mais do que ganha um capitão da minha PM. Isso deixa-me pouca gente para proteger a segurança da população, criando um nível considerável de insegurança. Você tem um colete à prova de balas? Seria bom comprar um, por causa das balas perdidas dos tiroteios entre traficantes. O nosso Prefeito da Capital, que também usa um, despacha com os seus Secretários Municipais todos sentados no chão, debaixo da mesa da sala de reuniões, por causa das balas perdidas que vivem entrando pelas janelas de Prefeitura."

Nesse momento uma bala perdida foi achada pelo Chefe de Gabinete do Secretário, no momento em que entrava na sala, imprudentemente ereto. Depois de colocar piedosamente junto a ele uma vela acesa, Brederodes e eu saímos do Gabinete rastejando, e ele teve a gentileza de levar-me ao meu hotel em seu carro blindado, com vidros à prova de bala.

BALAS PERDIDAS E ACHADAS

Um eminente *brazilianist*, o Professor Peter Flynn, confessa-se preocupado com o crescimento da criminalidade no Brasil.

Setenta mil homicídios *por ano* em todo o país; 20 homicídios *por dia* no Rio de Janeiro, 23 em São Paulo, contra *três* apenas em Nova York, e apenas um cada dois dias, em média, em Buenos Aires! 70 mil pessoas assassinadas — é a população de uma cidade.

Temos ainda o problema das balas perdidas, que não conseguem encontrar o seu destinatário e são achadas por pessoas que não as procuram. Nestes últimos dias uma bala perdida foi achada por um bebê que assistia a um espetáculo de circo no Maracanãzinho. Meses antes, um senhor achou uma bala perdida ao assistir a outro espetáculo de circo na Praça Onze e morreu. Um jovem achou uma bala perdida enquanto dormia em seu apartamento — e ficou paraplégico. A solução pareceria ser que a Polícia passe a dar instrução de tiro aos bandidos, para que melhorem a pontaria e não percam tantas balas, desperdiçando munição.

Existe um país, que chamarei Shangri-La, onde não existe tráfico de drogas, não ocorrem assaltos à mão armada, e o latrocínio é desconhecido há vários anos. O nome é fictício, mas o país existe realmente, e já o visitei mais de uma vez.

Durante minha última visita, trafegando uma noite, no automóvel de um amigo, a luz dos faróis colheu, em uma rua deserta, duas senhoras que caminhavam tranqüilamente na escuridão, de vestidos de noite, cobertas de jóias. Manifestei o meu espanto pela coragem daquelas senhoras, de assim caminhar pelas ruas a horas mortas, desacompanhadas e usando tantas jóias. O meu amigo riu: explicou-me que as senhoras não corriam perigo algum. Ninguém as molestaria, dada a sabedoria e o rigor das leis do país.

Para melhor esclarecimento meu, proporcionou-me uma entrevista com o Procurador-geral do Estado. Este explicou-me que, para começar, o tráfico de drogas, sementeira de muitas formas de criminalidade, fora inteiramente erradicado. "Em Shangri-La a pena por tráfico de drogas é a morte."

Explicou-me que os tribunais, interpretando a letra da lei, consideravam que todo indivíduo encontrado com entorpecentes em seu poder era *ipso facto* um traficante e, como tal, passível da pena de morte. A alegação de haver comprado as drogas para uso próprio não era aceitável: afinal, o acusado, de posse de drogas, estava em condições de vendê-las se quisesse. A quantidade encontrada é irrelevante aos olhos da Lei: sejam 50 gramas ou 50 quilogramas, tanto faz. A lei *presume a intenção* de vender a droga.

Essa *presunção de intenção*, disse-me o jurista, era a chave de tudo. Na Grã-Bretanha, a polícia tem o direito de prender qualquer indivíduo visto em atitude suspeita na via pública: *presume-se* a sua *intenção* de delinqüir. É o que a lei britânica chama *"loitering* WITH INTENT". Shangri-La abraça essa doutrina da intenção criminosa equivalente ao próprio crime, e a leva até o último limite, que é a aplicação da mesma pena para a suposta intenção e para o crime consumado. Assim, um indivíduo encontrado na via pública de posse de uma arma é presumido trazê-la consigo *na intenção* de usá-la para um assalto, e *na disposição* de fazer uso dela contra a vítima em caso de resistência desta. A pena é uma só, a pena de morte.

A justiça de Shangri-La não perde tempo com frioleiras como "circunstâncias atenuantes" ou "privação temporária dos sentidos e da inteligência". Tampouco admite pieguices ineptas como a inimputabilidade de menores assassinos. Lá, o menor assassino é putável, imputável e enforcável como qualquer outro criminoso.

Perguntei ao Procurador-geral se, ao ser preso um garoto assassino, não surge imediatamente na Delegacia uma nuvem de assistentes sociais, "sociólogos", representantes da Pastoral do Pivete. Respondeu-me que não; e que pessoas que a isso se atrevessem seriam punidas na forma da lei com 50 bordoadas de bambu na planta dos pés, por interferência indébita no curso da Justiça.

Shangri-La, porém, é um país muito respeitoso da ordem jurídica e dos direitos do cidadão. Por conseguinte, de toda sentença cabe recurso a uma instância superior. Apenas, o seu Código de Processo Criminal estatui que o recurso interposto não tem efeito suspensivo sobre a aplicação da pena, e que uma sentença capital deve ser cumprida no prazo de três semanas.

Assim sendo, ao subir o paciente ao patíbulo, o carrasco, no momento em que ajusta o laço, tranqüiliza o condenado, assegurando-o de que o seu enforcamento é puramente provisório, pois o seu recurso está tramitando no Tribunal de Apelação, e, caso seja acolhido, o réu será plenamente reabilitado neste mundo e no outro. Neste último, como a religião prevalecente em Shangri-La professa a transmigração das almas, o reabilitado poderá reencarnar no corpo de um animal superior, talvez mesmo no de um macaco sagrado, em vez de renascer sob forma de percevejo, barata ou lacraia, que é a punição dos homicidas.

Objetei timidamente que existe em meu país a tese de que a pena de morte não põe fim aos homicídios. É certo, retrucou o Procurador, ela não põe fim aos homicídios, mas põe fim aos homicidas. Anos de observação, disse-me, resultaram em uma importante descoberta: que um assassino, uma vez competentemente enforcado, dificilmente tornará a matar alguém. Não se evitam novos crimes; mas impede-se a reincidência no crime. Perguntou-me se era exato que no Brasil há indivíduos que têm no seu prontuário cinco, seis, ou mais crimes de morte. Sim, respondi, mas nesses casos a culpada é a Sociedade que não forneceu ao assassino, em sua infância, uma babá carinhosa, bonitos brinquedos e viagens à Disneylândia.

O Procurador-geral não pareceu concordar com a doutrina da Culpabilidade Coletiva extinguindo a culpabilidade individual. Também fez valer que, se é impossível eliminar a hipótese de crimes passionais ou políticos, o homicídio no dia-a-dia, ou caseiro, decresceu drasticamente em seu país, e o latrocínio desapareceu totalmente desde que se tornou equivalente ao suicídio. Certos tipos de crime, disse-me, podem ser eliminados pela certeza de uma punição drástica e imediata. Recordou-me, por exemplo que, nos Estados Unidos, nos anos 20, o seqüestro tornara-se uma grande indústria. Quando, porém, após o seqüestro e morte do filho do Coronel Lindbergh, o seqüestro tornou-se crime federal punido de morte, e o seqüestrador do bebê Lindbergh foi executado na cadeira elétrica da prisão de Sing-Sing (cortesia do Estado de Nova York, pois a prisão federal não dispunha de cadeira elétrica), a rendosa indústria do seqüestro desapareceu do mapa.

Ao despedir-me, o Procurador-geral incumbiu-me de oferecer de sua parte às autoridades brasileiras assistência técnica na repressão aos crimes de violência, bem como duas bolsas de estudos no Curso de Formação e Aperfeiçoamento de Carrascos de Shangri-La.

Voltei para o meu hotel a pé, consultando com volúpia, de tempo em tempo, o meu relógio, que no Brasil sou obrigado a deixar em casa, guardado no cofre, ficando reduzido a calcular a hora pela altura do sol no firmamento — já que por enquanto nem mesmo os nossos mais competentes larápios parecem cogitar de roubar o sol.

SEGURANÇA PÚBLICA: SÃO PAULO x TÓQUIO

São Paulo emplacou no primeiro semestre do ano de 1998 47 chacinas. Na 47ª foram 11 mortos e quatro feridos — que os matadores supunham mortos. As 47 chacinas totalizam 163 mortos, mais do que em todo o ano de 1997! O Secretário de Insegurança Pública do Município, entrevistado, declarou filosoficamente que "não há como prevenir chacinas" (*ESP* de 18.06.1998).

Em 1996 a safra foi também muito farta: 54.518 assaltos e 4.891 assassinatos — individuais ou coletivos. No mesmo ano, na região metropolitana de Tóquio, com 24 milhões de habitantes, *quase o dobro de São Paulo*, ocorreram 501 assaltos (*menos de um por cento em relação ao* score *de São Paulo*). Um detalhe: 30% dos homicídios ocorridos em São Paulo são esclarecidos, o que não quer dizer que os culpados sejam presos. Em *Tóquio são 91%*, seja a quase totalidade, os culpados sendo julgados rapidamente e condenados, indo dar com os costados em prisões que ignoram regime semi-aberto ou remissão de pena depois de cumprida parte dela. Prisões perfeitamente higiênicas e isentas de violência, mas que por alguma razão infundem profundo terror aos delinqüentes.

Uma das razões do baixo índice de criminalidade no Japão é a quase certeza, para um criminoso em potencial, de que não escapará ao castigo. Outra razão é a severidade das penas aplicadas pelos tribunais, e nunca mitigadas no decurso do respectivo cumprimento. Uma terceira razão é a total confiança da população em seus policiais, e sua estima por eles. As relações entre a Polícia e a população, em Tóquio, são íntimas e amistosas. Em cada bairro estão disseminados vários postos policiais, chamados *koban* — mais de mil em toda a cidade, ligados, pelos mais modernos meios de transmissão, com mais de 100 delegacias distritais e 237 delegacias regionais —, tudo isso interligado com um poderoso cérebro central que é o Departamento de Polícia da cidade, instalado em um prédio de 17 andares cheio de gente *trabalhando* — técnicos de todos os ramos do sistema de segurança pública, altamente qualificados e providos do mais moderno apetrechamento informático e científico, além de meios de transporte adequados: 800 viaturas patrulheiras e mais de 900 motocicletas (eminentemente apropriadas para perseguições no denso trânsito e nas estreitas ruas de Tóquio), além de uma dúzia de helicópteros e cerca de 30 lanchas velozes. O "car locator system" faz com que em Tóquio sejam registrados em um ano *menos de 2.000* furtos de automóveis, contra *180 mil* na Grande São Paulo. A dureza e eficiência da repressão ao porte de armas fez que em um ano, como 1995, fossem registrados na imensa Tóquio apenas 32 disparos de arma de fogo. É a cadência de tiro de cinco minutos de tiroteio entre traficantes no Morro de São Carlos ou no Morro da Mineira. E esses 32 disparos fizeram apenas *seis* vítimas.

Tenho visitado Tóquio por várias vezes no decorrer de muitos anos, e sempre impressionou-me a tranqüilidade dos habitantes que circulam pelas ruas a qualquer hora do dia ou da noite. Crianças de sete anos vão à escola sozinhas — e regressam incólumes. Parece-me que a chave dessa perfeita segurança, além e acima do poderoso e sofisticado apetrechamento da Polícia, está na confiante e cordial inter-relação entre população e Polícia. Os policiais percorrem a pé as ruas do bairro do seu respectivo *koban*, ao passar pelas lojas e frente às residências param para conversar com os particulares, conseguindo um relacionamento amistoso que lhes permite ficar sabendo de tudo o que sucede no bairro.

Outra razão do baixo índice de criminalidade no Japão em geral e em Tóquio em particular é que o crime organizado no Japão é muito mais organizado do que no Brasil. Os marginais japoneses, embora numerosos e temíveis, os *yakuza*, optaram por afastar-se dos crimes de violência como perigosos para eles próprios, e inseriram-se no mercado capitalista em atividades "para-legais". Fundaram legalmente empresas com registro na Junta Comercial — e auferem gordos proventos sem grande risco de prisão. Por exemplo, uma de suas sociedades compra *uma* ação de um poderoso grupo industrial ou financeiro. Duas semanas antes da realização da Assembléia Geral de Acionistas da empresa, um advogado da máfia procura um advogado do grupo e informa o colega, com grande pesar, de que seus clientes descobriram uma irregularidade no balanço do grupo e estarão na necessidade de levantar a embaraçosa questão durante a Assembléia Geral. Novo encontro é marcado, no qual chega-se a uma cifra satisfatória para que a máfia desista de criar uma situação constrangedora. Imagine-se no Brasil um comando criminoso com escritório e placa na porta, trocando o seu arsenal de armas de fogo por uma bateria de computadores, e dedicando-se, de paletó e gravata, a achacar polidamente o Banco Arapuca ou a empreiteira Maracutaia S.A.

Convém frisar novamente, porém, que uma das bases da serena segurança que reina nas cidades do Japão acha-se no rigor das leis e na severidade dos tribunais na aplicação das mesmas. Uma vez devidamente instruído o processo e levado o réu a julgamento, a condenação segue-se quase infalivelmente. O recurso da sentença não oferece grande esperança: em média apenas 3%, *três por cento*, das apelações alcançam êxito. E o regime carcerário, embora isento de maus-tratos físicos, infunde terror aos marginais por sua severidade impessoal e sua rigidez implacável. E uma condenação a 30 anos de prisão quer dizer 30 anos, não 10 nem dois e meio.

A razão mais profunda e básica do clima de tranqüilidade em Tóquio está certamente, porém, no alto espírito de cidadania, de civilidade, de solidariedade e de responsabilidade tanto da população como da Polícia. Oxalá algum dia venham a florescer nas grandes cidades brasileiras essas virtudes, que existem nas nossas pequenas cidades. Oxalá também nossas várias Polícias, que atualmente lutam e pagam pesado tributo de vidas na luta contra um banditismo freqüentemente mais bem apetrechado do que elas, possam obter melhores meios de ação, e sobretudo conquistar a estima, o respeito e a confiança dos cidadãos, e receber deles apoio. Só assim escaparemos ao horror das megalópoles aterrorizadas, da violência organizada ou desorganizada do banditismo que hoje cerca, ameaça a todas as horas do dia e da noite, em São Paulo e no Rio de Janeiro, a população honesta e espavorida.

"QUIS CUSTODIT IPSOS CUSTODES?"

"Quem nos protegerá dos nossos protetores?" Seja-me perdoado o pedantismo de citar uma locução proverbial latina em um país no qual sucessivas reformas do ensino, perpetradas por subdesenvolvidos mentais, acabaram banindo o latim, esse tronco e língua-mãe de nossa língua materna, do currículo ginasial, e expulsando das Faculdades de Direito o Direito Romano.

Peço desculpas, mas a língua latina é de uma concisão e de uma precisão lapidares: ao pé da letra, própria para inscrições gravadas sobre lápides: por exemplo, sobre a pedra campal das sepulturas das vítimas inocentes da prepotência, da crueldade e da violência assassina de milicianos pagos pelos cidadãos para sua proteção.

A TV Globo está de parabéns pelo magistral trabalho de reportagem que exibiu ao Brasil e ao mundo a qualidade da "proteção policial" oferecida aos cidadãos, até mesmo na maior metrópole brasileira, na culta e rica São Paulo. Essa reportagem faz jus a qualquer prêmio internacional de bom trabalho de órgãos de comunicação de massa. Parabéns, mais uma vez!

Se, porém, a reportagem da TV Globo foi um trabalho perfeito, até por objetivo e oferecendo provas irrefutáveis, ela é aterradora. Longe de mim negar o valor e a coragem de uma Corporação como um todo, que arrisca-se a enfrentar perigos mortais na missão de combater o crime e o vício em bairros violentos. A GARRA, a ROTA, podem ostentar legítimos êxitos e têm sofrido sérias baixas no cumprimento do dever.

A reportagem a que assistimos horrorizados mostra-nos também, no entanto, que elementos "de linha" e não de elite da Corporação são capazes da mais revoltante brutalidade contra cidadãos indefesos, de crueldade sádica, de assassinatos frios. Ainda a mesma reportagem, no dia seguinte, revela que de **6.700, seis mil e setecentas**, queixas registradas contra policiais militares, apenas 50 resultaram na expulsão de culpados das fileiras da Corporação.

Há muitos anos estou convencido de que Polícias Militares colocadas *na esfera estadual*, sujeitas a influências políticas locais, vivendo no clima que conhecemos na vida política estadual, não são instrumento apropriado para o combate contra o crime organizado. Muito menos, cabe-lhes a missão de usar de sua força para oprimir, espancar, torturar e matar cidadãos inocentes.

Sustento há muito tempo que faz-nos falta no Brasil uma Polícia militarizada *Federal*, imune a pressões políticas locais, servindo indistintamente no país inteiro, superiormente armada, adestrada e disciplinada, no modelo dos Carabinieri italianos, da Real Polícia Montada do Canadá, do Corpo de Carabineiros do Chile, da Gendarmeria francesa. Uma Corporação respeitável e respeitada, temida pelos criminosos, mas digna da confiança da população ordeira. Recordarei que em França, por antiga usança e tradição, nas paradas militares a Gendarmeria toma a testa do desfile, e, para a revista, ocupa o lugar de honra à direita da formatura. Desde Napoleão, os gendarmes têm o privilégio de usar a *fourragère*, honroso distintivo das tropas de elite.

É que esses homens, de qualquer daqueles países, não são os brutamontes boçais que a televisão nos exibiu. São militares garbosos e disciplinados, e policiais de alta formação profissional. No Canadá, um *mountie*, um soldado da Real Polícia Montada, isolado em distrito rural do tamanho de um condado inglês, é ali a personificação da Lei e da Ordem. Assim também eu, desembarcando durante um cruzeiro marítimo em uma ilha ao largo da costa chilena, encontrei ali um solitário *carabinero*, único mas eficaz agente da Lei. Um gendarme federal suíço é homem de formação pré-universitária ou universitária, capaz de conduzir sozinho uma investigação policial, inclusive de efetuar perícias técnicas.

São todos, é claro, homens bem pagos, cujas famílias desfrutam de bom nível de vida, cujos filhos cursarão boas universidades. É irreal esperar que homens mal pagos e de escassa instrução possam atuar como se fossem membros inteligentes e incorruptíveis da Polícia Metropolitana de Londres.

O outro aspecto de nossa preocupante paisagem é que no Brasil o império do crime e do vício alastra-se diariamente, cada dia mais bem armado e organizado, dispondo de enormes recursos financeiros. Em face disso, uma justiça morosa deixa na cadeia durante 10 anos e mais (TV Globo *dixit*, e creio nela) réus sem culpa formada, vivendo em um universo carcerário horripilante, em condições que nem Dante imaginou nos cenários de seu Inferno; uma polícia judiciária desaparelhada deixa incumpridos milhares de mandatos de prisão de perigosos bandidos; um sistema penitenciário de paredes de papelão favorece a evasão de criminosos condenados; um sistema "facilitário" de remissão de parte das penas devolve à sociedade indivíduos anti-sociais; um risível regime de "prisões semi-abertas" permite a delinquentes condenados sair do presídio para irem assaltar e matar, contanto que voltem para comer e dormir no cárcere.

Urgem reformas profundas e enérgicas, judiciárias, penitenciárias, policiais e morais para devolver à Sociedade a saúde, a segurança, a dignidade. Retomando o latim, citarei, voltado para as torres de marfim de Brasília, a fórmula do Senatus-consulto Supremo: "**caveant consules ne quid detrimenti res publica capiat**": zelam os governantes para que nenhum mal advenha à comunidade.

Há 50 anos, policiais militares culpados de crimes ou delitos eram degradados em quadrado de seu batalhão, ao rufar de tambores, suas insígnias arrancadas, e enxotados para viaturas da Polícia civil, para serem entregues à Justiça comum. Que tal restabelecer-se esse sadio tratamento para homens indignos de usar uma farda?

BOAS INTENÇÕES

O Governo do Estado do Rio de Janeiro anuncia a criação de uma nova formação policial militar, a "Força de Apoio Tático", composta de elementos altamente adestrados. Essa força deverá fornecer, a cada Batalhão da Polícia Militar, um núcleo de choque e de pronta intervenção.

A idéia em si é louvável, inclusive porque evidencia a constatação do despreparo (aliás não por culpa sua) da Polícia Militar do Estado para executar operações de combate ao nível do que os manuais denominam "Low Intensity Operations", isto é, equivalente à repressão de guerrilha.

A medida tem, portanto, seus méritos; é óbvia a vantagem de dotar o Estado de novos elementos de polícia de elite. Ela não atende, porém, à necessidade do combate ao crime organizado por uma organização capaz de medir forças com ele e derrotá-lo.

O Sagrado Evangelho adverte-nos, quanto à inutilidade de costurar remendos de pano novo sobre um pano esgarçado e gasto.

Quando o Rio de Janeiro já contava três milhões de habitantes, a sua segurança era garantida por apenas seis batalhões de infantaria de polícia e um regimento de polícia montada. Os efetivos dessas unidades eram, porém, aquartelados, serviam com "dedicação integral". Mais tarde, sob pretexto da exiguidade do soldo (o que era realmente o caso), passaram os PMs a cumprir uma escala de serviço de um dia de serviço para dois de folga, para que pudessem complementar o seu soldo com os proventos de outras atividades. É evidente que para um homem que serve um dia e folga dois, aquele serviço não é mais uma profissão, é um biscate. A solução certa teria sido, evidentemente, triplicar o soldo, em vez de reduzir a um terço o "tempo de dedicação" do PM.

Em tais condições, os sucessivos aumentos do número de unidades da PM só serviram para difundir largamente a ineficiência básica da corporação. Meu amigo e antigo camarada General Sérvulo Motta Lima, quando secretário de estado de Segurança Pública do Estado de São Paulo (onde vigorava o mesmo conceito errôneo da função policial), dizia-me: "No papel, disponho de 60 mil homens, o que é mais do que o efetivo do Exército nacional de muitos países. Na prática diária, ou mesmo em uma emergência, não posso contar com mais de seis mil."

Quando a PM deixou de ser aquartelada, passaram os homens a viver nos modestos bairros a que os limitavam seus escassos meios, em convívio com marginais, o que em muitos casos tem conduzido, como atesta o noticiário da imprensa, à familiaridade, e eventualmente à cumplicidade com tais elementos.

São, evidentemente, exceções; o grosso da corporação é digno do respeito da população, e a prova disso está no elevado número de policiais militares que têm encontrado a morte no cumprimento do dever. Só é de lamentar que o *kill ratio*, isto é, a proporção entre as mortes de policiais e de bandidos, seja tão insatisfatório. Tempo houve em que considerava-se que pela morte de um policial cinco bandidos deviam pagar com a própria vida.

Tenho respeito pela Polícia Militar do Rio de Janeiro, antigo Corpo Real de Polícia. Temo, porém, que a fragmentação de uma força de elite entre três dezenas de unidades de um nível de adestramento menos elevado possa levar à contaminação dos homens de elite pelo meio no qual ficarão mergulhados. A solução correta, a meu ver, seria outra, essa no campo federal — sem prejuízo, ao mesmo tempo, de uma necessária elevação dos níveis de vencimentos, de armamento e de adestramento da Polícia Militar. Ao pensar em termos federais, tenho em mente também as polícias militares de outros estados, algumas delas mais expostas ainda do que a do Rio de Janeiro a ingerências da política local.

O que me pareceria importante como arma eficaz de combate ao crime organizado, e também para a vigilância das fronteiras contra o tráfego de entorpecentes, seria a criação de uma polícia militarizada federal, como existe por exemplo na França — Gendarmerie Nationale, Garde Mobile e C.R.S. (Compagnies Républicaines de Sécurité) —, na Itália, Carabinieri, e no Chile, Cuerpo de Carabineros.

Impõe-se, em minha opinião, a criação de uma força policial uniformizada no âmbito federal, subordinada ao Ministério da Justiça, mas adestrada e supervisionada pelo Exército, restabelecida, com poderes mais extensos e mais detalhados, a antiga Inspetoria-geral das Polícias Militares.

As praças dessa corporação deveriam ser reservistas de Primeira Categoria de qualquer das três Forças Armadas, excluídas na conduta boa, enquadradas e instruídas por oficiais — e, em uma primeira fase, também sargentos destacados temporariamente daquelas forças. A corporação deveria ser uma tropa de elite, altamente adestrada, rigorosamente disciplinada, digna de merecer o respeito e a simpatia das populações ordeiras. Servir nelas deveria ser uma honra e uma distinção, inclusive para os oficiais e graduados das Forças Armadas nelas destacados.

Recordo que na França, por antiga tradição, a Gendarmerie toma a direita do dispositivo nas revistas militares, e a testa do desfile. Na Itália, os *carabinieri* gozam de alto prestígio, e no Chile são os *carabineros* que montam guarda no Palácio do Governo. No Canadá, a Royal Canadian Mounted Police tornou-se legendária, tendo a honra, inclusive, de dar luzida escolta aos Chefes de Estado em visita ao país, e gozando da confiança e admiração gerais da população.

4/6/95

QUEM VAI PERDER A GUERRA DAS DROGAS

Tive ocasião de participar recentemente, na Europa, de uma reunião de pesquisadores e funcionários especializados no estudo do tráfico de drogas. Essa reunião, não divulgada no noticiário da imprensa, coincidiu com o encontro em Nova York, sob os auspícios da ONU, para o debate do mesmo assunto, encontro ao qual compareceram cerca de 30 Chefes de Governo (inclusive o Presidente do Brasil) e representantes de 150 nações, com ampla e ruidosa divulgação jornalística.

A reunião européia, porém, esteve muito longe de partilhar o otimismo dos ilustres estadistas e altas autoridades reunidos em Nova York, em sua previsão de que a guerra contra o tráfico estaria ganha dentro de 10 anos, seja por volta de 2008. Os peritos europeus estimam que, no momento, a sorte da guerra antes parece estar favorecendo o inimigo. Eles apontam o fato de que o tráfico de drogas já representa hoje um volume mundial de negócios apenas inferior ao do turismo e hotelaria, pouco abaixo portanto do volume do comércio do petróleo e seus derivados. São centenas de bilhões de dólares por ano, que largam no seu viscoso rastro muitos milhões usados para corromper policiais, políticos e altas autoridades, bem como para remunerar operações de lavagem dessa montanha de dinheiro. O Governo dos Estados Unidos já denunciou publicamente três grandes bancos mexicanos como instrumentos dessas operações, e não denunciou ainda, mas diz conhecer, cerca de 200 agentes das mesmas operações na rede bancária mexicana.

O México está, porém, muito longe de ser o único asilo/lavanderia para o dinheiro dos traficantes norte-americanos. E, afinal, a fonte desse rio de ouro é a avidez dos consumidores de drogas norte-americanos, gigantesco mercado. Aqui reside uma das faces do problema: combater prioritariamente o *consumo*, a *produção*, ou o *transporte e comercialização* das drogas? Argumentam alguns que, sufocada a procura, cessará a oferta. Outros que, suprimindo a produção, acaba o problema. Apostam ainda outros na eficácia na repressão ao transporte e à venda dos entorpecentes.

Todas essas estratégias já foram e estão sendo testadas. O Governo dos Estados Unidos tem estimulado fortemente, para não dizer coagido, os países produtores de drogas, para que localizem e destruam os laboratórios de fabricação de entorpecentes, bem assim para que promovam a erradicação das culturas de plantas fornecedoras de matéria-prima. No caso da coca, os Governos da Bolívia e do Peru têm promovido intensas campanhas para persuadir os agricultores de substituir a produção da coca pelo cultivo de outras plantas, como o palmito. Acontece, porém, que a substituição exigirá um tempo apreciável até que as novas culturas entrem em produção. De onde acentuada resistência dos agricultores, e recurso a lavouras clandestinas. Trata-se de um problema de grandes proporções que desafia até a maior boa vontade dos Governos: afinal, 10% da população adulta da Bolívia vivem do cultivo da coca.

A política de destruição de laboratórios de refino foi aplicada com energia na Colômbia e no Peru: com o resultado de que muitos laboratórios mudaram-se para o Brasil, onde existem no mercado os solventes necessários para o refino da coca.

Na Ásia, desde a Turquia até o Afganistão, não estão tendo muito melhor resultado as campanhas contra o cultivo da papoula, da qual procede o ópio, e por via do ópio a heroína. O consumo local vem aumentando também consideravelmente: no Afganistão o consumo da heroína afeta parte apreciável da população. Outro país da Ásia, a Birmânia, foi descrito por um dos participantes da reunião como "completamente dominado pelo cartel das drogas, a todos os níveis de governo, local ou nacional". "The road to Mandalay", tão poeticamente cantada por Kipling, tornou-se uma rota de tráfico de drogas. A situação da Colômbia dispensa comentários. E para não ir muito longe, no Rio de Janeiro até as pedras das ruas sabem que parte considerável da superfície edificada do Município é pior do que "terra de ninguém": é "terra de alguém", território dos traficantes, que dominam despoticamente a população dos seus respectivos feudos, fornecem a essas populações assistência que as autoridades legais não podem fazer-lhes chegar, administram justiça expeditiva, aplicam sentenças de morte, e recrutam para o submundo do crime os menores desde tenra idade. A autoridade do crime organizado, que vai de braços dados com o tráfico de drogas, estende-se, quando quer, até os bairros burgueses vizinhos dos baluartes dos morros favelizados. Se morre um bandido em tiroteio com a polícia, o comércio de um grande bairro como Vila Isabel recebe ordem de fechar em sinal de luto — e fecha mesmo, obedientemente. Para o enterro do mesmo bandido, a Polícia é *proibida* de entrar no cemitério.

O crime organizado, cada vez mais bem armado e apetrechado graças aos fabulosos lucros do tráfico de drogas ao qual ele dá cobertura, tornou-se um fator *político* poderoso pela sua infiltração nos círculos de governo de vários países. As Nações Unidas tomaram conhecimento, recentemente, de um estudo de um prestigioso pesquisador da Universidade de Cambridge, o Professor Harry Rider, sobre as máfias da Itália e da Rússia, as "tríades" da China, as *gangs* jamaicanas e o braço armado dos cartéis colombianos. Não parece excluída a criação na ONU de um órgão incumbido de acompanhar esse grave problema e de propor medidas.

Perante a mesma Organização das Nações Unidas, o Excelentíssimo Senhor Presidente da República anunciou, o que efetivamente veio a realizar-se, a criação de uma Secretaria de Estado para o combate ao tráfico de drogas e de um Conselho Nacional para coordenar a ação de todos os órgãos capazes de participar desse combate.

Ambas as medidas são altamente oportunas e louváveis. Caberá recordar aqui, no entanto, que, segundo velha máxima militar, "quem dá a missão dá os meios". A famosa Drugs Enforcement Agency (DEA) norte-americana, da qual a nossa nova Secretaria de Estado seria o equivalente, dispõe de uma extensa rede de agentes e de informantes secretos no mundo inteiro, e de poderosos meios de ação tanto ostensiva quanto sigilosa. O assunto é da maior gravidade para a própria segurança da Nação e para a defesa dos valores morais em que assenta nossa sociedade. A nova e bem-vinda Secretaria de Estado, que emerge do pensamento criador do Governo, não pode emergir como Vênus surgiu das águas, nua e inerme, e sim deve apresentar-se solidamente estruturada e armada, qual Minerva nasceu da coxa de Júpiter já couraçada e de lança em punho.

Urge que a nova Secretaria nasça com bico e garras, isto é, dotada de meios em pessoal e em material adequados à sua importantíssima missão. Assim como o braço armado da DEA é o FBI, criação de J. Edgar Hoover que até hoje continua fiel aos princípios e ao nível de eficiência impostos por seu fundador, assim é imprescindível que a autoridade brasileira possa contar com o "braço armado" de uma Polícia Federal poderosa e capaz de dar combate ao monstro bicéfalo que é o crime organizado em simbiose com o tráfego de drogas. Para isso, é indispensável, a meu ver, que a Polícia Federal possa desdobrar-se em um Corpo de Polícia Nacional bem armada, imune a influencias políticas estaduais e municipais, do feitio dos *carabinieri* italianos, uma "gendarmerie de élite" supervisionada e apoiada pelas Forças Armadas, já que a disposição do Governo em combater o submundo do crime e das drogas afigura-se propriamente como aspecto relevante da segurança nacional.

PRESÍDIOS FLUTUANTES DE ALTA ROTATIVIDADE

Um importante artigo recentemente publicado em *O Globo*, sob o título "O Projeto de Brasília", focalizou muito oportunamente a gravidade da situação existente nos presídios brasileiros por motivo do que ele chama, com razão, "o drama da superlotação carcerária". "As cadeias", diz o artigo em questão, "são hoje panelas de pressão que volta e meia explodem."

De fato, os jornais noticiam, com freqüência alarmante, revoltas de presos, que, empunhando armas de fogo misteriosamente introduzidas no interior da prisão, ameaçam matar reféns caso não seja aliviada a superlotação do seu cárcere.

Seja dito de passagem que não entendo bem como não ocorreu às autoridades penitenciárias instalar, na entrada dos presídios, sistemas detetores de metais como os que, nos aeroportos, examinam as bagagens e as pessoas dos passageiros. É lícito imaginar uma cena da "rigorosa revista" à porta de uma cadeia, em dia de visita aos presos. "Que é que tem nesse embrulho, dona?" "É um brinquedo desses de armar, pro meu marido. Tadinho, pegou 261 anos, precisa distração, né?" "Tá bom, passe."

Meu compadre Antonio de Azevedo Sodré, eminente advogado, preocupa-se, com razão, com o estado do sistema penitenciário brasileiro e com o problema da superlotação dos presídios. Esta superlotação, a seu ver, inviabiliza qualquer possibilidade de recuperação dos detentos para o convívio social, uma vez mergulhados em um universo carcerário brutal, obsceno e sanguinário, que os integra para sempre na fauna predatória e amoral do submundo do crime.

Notou o meu compadre que a construção de um desses enormes navios para cruzeiros marítimos, que embarcam milhares de turistas em Miami, custa a décima parte do que custaria a construção de um hotel para igual número de hóspedes. Daí ocorreu-lhe a idéia da construção, no Brasil, de grandes presídios flutuantes, de preferência a novas penitenciárias terrestres, a fim de solucionar, a baixo custo, o problema da superlotação carcerária.

A idéia não é nova, mas não perdeu mérito nem modernidade: acaba de ser inaugurado na Grã-Bretanha um presídio flutuante para alojar os hóspedes das prisões de Sua Majestade em condições de maior conforto para eles e de maior segurança para a sociedade, dada a escassa possibilidade de evasão a nado.

A idéia, repito, não é nova. Nos séculos XVII e XVIII as galeras a remo das esquadras da França, da Espanha, de Gênova, de Veneza, outra coisa não eram senão presídios flutuantes, seus remadores sendo réus condenados à pena de trabalhos forçados. Quando, no primeiro quartel do século XIX, as galeras, tornadas obsoletas, foram desativadas, a pena de trabalhos forçados passou a ser cumprida em terra, nas antigas bases das esquadras de galeras — em França, o porto militar de Toulon —, e os presos continuaram a ser denominados *galériens*, galés, embora não mais acorrentados aos remos das galeras. Mais tarde, o presídio de Toulon foi substituído pelo de Saint-Laurent-du-Maroni, perto de Caiena, na Guiana Francesa, ou o seu Anexo, a agradável e salubre Ilha do Diabo, na qual o famoso Capitão Dreyfus residiu vários anos. Os degredados passaram a ser conhecidos como *forçats*. Na Itália, porém, ainda hoje "ir para a cadeia" diz-se "andare in galera".

Durante a Revolução Francesa, o Deputado Carrier, designado pela Convenção Nacional para reprimir a rebelião monarquista no Oeste de França, com seu quartel-general em Nantes, na foz do rio Loire, fez-se acompanhar, naturalmente, por uma guilhotina, mas este engenhoso aparelho, embora a última palavra então do estado da arte de matar, só permitia uma cadência máxima de três a quatro execuções por hora, por maior que fosse o zelo dos carrascos. Enquanto isso, todas as prisões de Nantes permaneciam abarrotadas de detidos, que o ritmo da guilhotina não permitia escoar.

O Deputado Carrier (ele próprio guilhotinado mais tarde) concebeu então, para aliviar a superlotação das prisões de Nantes, a idéia de fazer construir barcaças para alojar presos. O detalhe interessante era que essas barcaças, surtas no leito do Loire, eram providas de válvulas em seus cascos, as quais, acionadas, permitiam abundante entrada de água do rio, afundando rapidamente as embarcações. Estas, após um prazo prudencial de um par de horas, eram esgotadas por meio de bombas, postas novamente a flutuar, e preparadas para receber novo contingente de passageiros. Foi assim rapidamente resolvido o problema da superlotação das prisões de Nantes. O Deputado Carrier inventara o presídio flutuante de alta rotatividade.

A engenhosa invenção do Deputado Carrier, patenteada em 1793, já caiu no domínio público, caso isso possa interessar a alguém.

Sem ir tão longe nos requintes da engenharia carcerária naval, parece, de fato, digna de ser considerada a idéia da construção, em estaleiros brasileiros atualmente à míngua de encomendas, de vários presídios flutuantes, modelados segundo o protótipo britânico já em operação. Ficariam fundeados a suficiente distância da costa para eliminar qualquer hipótese de evasão a nado, e de preferência em águas freqüentadas por tubarões. Seria uma solução fácil, de baixo custo, humana e prática para o problema de superlotação carcerária, admitindo até, segundo a boa doutrina criminalística, separação entre os vários tipos de criminosos: presídios flutuantes especiais para criminosos primários, outros para reincidentes perigosos, outros ainda para culpados de crimes hediondos — este último tipo talvez provido, mediante módico suplemento de custo, de válvulas de casco, sistema Carrier. Cada estado da Federação poderia encomendar algumas unidades, o que representaria um precioso socorro à indústria brasileira de construção naval, atualmente atravessando uma grave crise, e aliviaria as Polícias Militares dos Estados do pesado encargo da vigilância dos presídios e eventuais operações de repressão a revoltas de presidiários. O mar seria o principal e incorruptível carcereiro.

Já vejo em imaginação a numerosa flotilha paulista surta ao largo dos Alcatrazes, tendo como capitânia o NP (navio presídio) *Carandiru*, a flotilha carioca ao largo da Ilha de Jorge Grego, com as belas unidades *Bangu I*, *Bangu II* até *Bangu XIV*, e assim ao longo de todo o litoral brasileiro dezenas de soberbos presídios flutuantes, submersíveis ou não, todos cercados por cardumes de tubarões atraídos por judiciosas distribuições diárias de carne fresca.

TRANSPORTES DE IRA

O venerável dicionário de Caldas Aulete, prestativo e precioso "pai dos burros" para várias gerações de portugueses e de brasileiros (publicado que foi com licença tanto d'El-Rei de Portugal como de S.M. o Imperador do Brasil), define *transporte* como "ação de transportar". No mesmo verbete, aceita outro significado: o de "movimento violento que nos põe fora de nós": exemplo: "transporte de cólera".

Rodrigo Lopes, que além de administrador capaz e de competente economista (quem sai aos seus não degenera) é também um fino humorista, lançou recentemente um grupo de empresários em paroxismos de riso inextinguível, ao dizer, com bem simulada seriedade, que "o Rio de Janeiro dispõe de um bom sistema de transportes de superfície em seus serviços de ônibus".

A pilhéria foi excelente; mas a triste realidade é que o Rio não dispõe de bons serviços de ônibus, pela simples razão de que não existem ônibus no Rio de Janeiro. Os veículos que vemos por aí fingindo-se de ônibus não são senão chassis de caminhões, com carrocerias parecidas com ônibus, colocadas em cima deles como cangalhas em lombos de burros: conceitualmente não diversas das gaiútas colocadas sobre plataformas de caminhões, em que viajam, como gado, os infelizes moradores das cidades-satélites de Brasília.

Um ônibus "de verdade" tem chassis e carroceria quase rente ao nível do meio-fio das calçadas, o passageiro passando da calçada ao interior do veículo sem esforço. Os únicos ônibus "de verdade" que o Rio jamais conheceu foram os Leyland da antiga Light, inclusive com uma versão de dois andares, igual à dos ônibus londrinos. Essa versão recebeu dos cariocas o saboroso apelido de "chope duplo" — e era uma excelente idéia, fazendo, para o mesmo espaço ocupado na rua por um ônibus comum, caber o dobro de passageiros. Foi um legítimo "papa-fila".

Para embarcar em um dos pseudo-ônibus do Rio de Janeiro é necessário um esforço quase acrobático; primeiro, içar-se até o estribo da porta de entrada, pairando bem acima do nível da calçada; depois, galgar mais três degraus no interior do veículo, até atingir o convés. Para uma pessoa idosa, ou com qualquer dificuldade de locomoção, é uma dolorosa proeza.

Existe, é certo, algum dispositivo da legislação municipal que requer das empresas de viação urbana que possuam em cada uma de suas respectivas frotas de caminhões fantasiados determinado número de veículos providos de um sistema de embarque mecânico de cadeiras de rodas — como existe em muitos lugares do mundo.

Oficialmente, dos *sete mil* "ônibus" que conta a frota do Rio de Janeiro, *quatorze* estão equipados com o sistema de embarque de cadeiras de rodas: isto é, *dois em cada mil* caminhões de gado humano. Estes 14 são, aparentemente, tão preciosos que ficam guardados cuidadosamente em suas garagens, pois jamais vi um só trafegando pelas ruas.

Outra lei municipal bem-intencionada, mas diariamente atropelada, manda que os "ônibus" transportem gratuitamente pessoas idosas, que têm direito a embarcar pela porta dianteira. O resultado é que se um motorista de ônibus vê à sua espera uma doce velhinha de cabelos brancos, acelera violentamente e passa por ela como um furacão. Antes lhe passaria por cima do que a deixaria viajar grátis. Quando ocorre que uma pessoa idosa consegue, enquanto embarcam passageiros pagantes pela porta traseira, subir ao "ônibus" pela dianteira, é freqüentemente destratada pelo motorista indignado. Esse é o depoimento que tenho de uma amiga octogenária, obrigada a depender do "excelente serviço de ônibus do Rio de Janeiro".

Outra lei municipal, mais morta do que Inês de Castro, determina que cada "ônibus" seja equipado com um tacômetro regulado para limitar sua velocidade a 60 quilômetros horários. Quantas vezes, ao trafegar a essa velocidade, ou mesmo um pouco mais, pelo Aterro do Flamengo, tenho sido ultrapassado por ônibus em desabalada carreira, que deixam-me para trás, como se o meu próprio veículo estivesse estacionário! Muitas vezes os monstros rivalizam de velocidade tentando ultrapassar uns aos outros, em proezas de audácia competitiva dignas do Grand Prix de Monte Carlo. Esse esporte nos transportes coletivos é peculiar ao Rio de Janeiro: jamais alguém viu dois escarlates ônibus londrinos disputando um "racha" em Piccadilly, nem dois verdes ônibus parisienses apostando carreira nos Champs-Elysées.

Como, devido ao "efeito cangalha" acima apontado, os "ônibus" cariocas têm o seu centro de gravidade em nível excessivamente alto, inclinam-se nas curvas como veleiros de regatas contornando, a todo pano, uma bóia do percurso. Não raro, em tais condições de velocidade excessiva e de estabilidade precária, os motoristas dos pseudo-ônibus, derrotados pela força centrífuga, não conseguem dominar os seus caminhões, e vão chocar-se contra alguma árvore ou algum poste. Na Avenida onde moro, cinco grandes árvores, em uma curva, foram sucessivamente derrubadas, e cada vez que a Prefeitura tem tentado substituí-las as jovens árvores têm invariavelmente conhecido a mesma sorte de suas antecessoras.

Voltando ao velho Caldas Aulete e seus *transportes*, os transportes de superfície do Rio de Janeiro não são certamente de natureza a causar "transportes de alegria" em seus usuários. Antes, com razão, "transportes de cólera", de ira irrefreável, como de fato às vezes se produzem, quando os sofridos usuários, ante falhas particularmente insuportáveis, apedrejam e depredam os instrumentos de sua tortura diária. Conhecemos todos, gente que sai de casa às quatro horas da madrugada para viajar *três horas*, desde o seu longínquo subúrbio, tomando três conduções diferentes mas igualmente inconfortáveis, a fim de chegar ao trabalho no centro do Rio. À tarde é o percurso inverso, chegando em casa apenas a tempo de comer e dormir algumas horas, mas *sem* tempo para ocupar-se dos filhos, para a vida do lar.

Quando deixo o meu escritório, na Ponta do Caju, e passo pela Avenida Brasil, sinto-me envergonhado de passar ali em um confortável automóvel, enquanto dezenas de pessoas, em cada ponto de "ônibus", disputam angustiadamente um lugar para viajar várias horas em condições de conforto que seriam consideradas inadmissíveis em um navio negreiro. Pelo menos os navios negreiros forneciam transporte gratuito; enquanto que os cariocas pagam pelo privilégio de viajar apertados como sardinhas em lata, espremidos uns contra os outros em um contato forçado que traduz-se facilmente em vexames para as mulheres, molestadas por vizinhos; arriscados a assaltos e violências por marginais de todos os tamanhos. Um caso entre outros: o de uma professora assassinada dentro de um "ônibus" por três assaltantes. "Já nem me apavoro mais com os assaltos, tão freqüentes eles são", observou filosoficamente o trocador do "ônibus".

Todos sabem que o meio mais racional de transporte de massas é o subterrâneo, o "metrô"; ele é também o de implantação mais cara e mais lenta. O do Rio de Janeiro é bom, mas a sua extensão tem sido feita a passo de tartaruga.

Um excelente meio de transporte de superfície é o V.L.T. — "veículo leve sobre trilhos", tipo bonde, mas um bonde moderno, estreito, longo, silencioso, veloz, confortável e arejado —, como existem em muitas cidades de vários países europeus — na Suíça, na Alemanha, na Holanda, na Dinamarca, na Noruega, na Suécia, na Finlândia. Às vezes em Zurique tenho tomado, por puro prazer, um bonde da Paradeplatz até o fim da linha, confortavelmente sentado.

Sou *quase* tão privatista quanto Roberto Campos; mas penso que se há um setor no qual justifica-se, ou mesmo impõe-se, a presença do Estado é o do transporte público de massas. É um direito do cidadão poder deslocar-se, dentro do Município que habita, com facilidade e conforto, a baixo custo. As condições indecorosas do transporte nos pseudo-ônibus do Rio de Janeiro são uma afronta à população mais pobre, a que mais necessita dos cuidados e do zelo das autoridades — que enquanto isso circulam em automóveis oficiais, com motorista. Seria de desejar que o Senhor Prefeito, os Senhores Vereadores, tomassem um "ônibus" na hora do *rush*, para ver o que é bom.

NEOTERRORISMO À VISTA

A opinião pública mundial foi praticamente unânime em condenar — ou, o que é pior, ridicularizar — o lançamento de mísseis norte-americanos contra uma suposta fábrica de material de guerra química ou biológica no Sudão. O lançamento de mísseis idênticos contra o suposto valhacouto, no Afganistão, do bilionário terrorista Osmar bin Laden encontrou compreensão e mesmo simpatia no Ocidente; mas, no caso do Sudão, os Estados Unidos da América foram acusados de irresponsabilidade e de injustiça.

Na verdade, parece claro agora que os Estados Unidos, no caso, não consul-taram os seus aliados europeus que, se consultados, haveriam desaconselhado a medida visto não constar aos seus órgãos de informação a existência de semelhante fábrica.

Sem dúvida, é consenso geral que o Governo islâmico do Sudão bem mereceria meia dúzia de mísseis pelo incrível genocídio que está, desde há meses, praticando contra as populações não-muçulmanas no Sul do seu próprio país. Lady Boxer, Par do Reino, uma das senhoras membros da Câmara dos Lordes, como Lady Thatcher, regressou do Sudão horrorizada com o que vira ali, com a crueldade com que está sendo metodicamente liquidada, pela metralha ou pela fome, a tribo Dinkaa. Isso, é claro, justificaria severas sanções internacionais contra o governo de Cartum; mas tudo indica que a fábrica de medicamentos destruída não produzisse nada mais perigoso do que elixir paregórico.

Isto posto, é indispensável e urgente levarmos em conta que, no alvorecer de um milênio que se apresenta como libertado enfim das ameaças de guerras mundiais, nucleares ou não, o grande perigo que parece perfilar-se no horizonte é o de uma nova forma de terrorismo, mil vezes mais apavorante do que tudo o que vimos até agora.

Parece encerrada, ou prestes a encerrar-se, a era dos fanáticos suicidas, prontos a atirar-se, pilotando carros-bomba, contra Embaixadas, palácios ou quartéis, como seus antepassados niilistas estavam prontos a morrer lançando uma bomba contra a carruagem de um Tsar. Até agora os alvos dos terroristas eram geralmente indivíduos, altas personalidades, como um Papa, um Chefe de Estado. Assim morreram, no século passado, o Presidente da República Francesa, Sadi Carnot, a Imperatriz da Áustria-Hungria, a doce "Sissi"; no nosso próprio século, o Arquiduque Rodolfo de

Habsburgo, o tribuno Jean Jaurès, o Presidente Paul Doumer, o Presidente Anwar Sadat, Lord Mountbatten — e o Papa João Paulo II escapou por pouco.

A escalada do "terrorismo convencional" manifestou-se no atentado do World Trade Center em Nova York, ou nas bombas no metrô de Paris. Outro tipo de terrorismo, mil vezes mais perigoso, é o do futuro: o do uso de armas químicas ou biológicas para atentados de destruição em massa. A primeira proeza desse neoterrorismo foi coroada de êxito: foi o lançamento, em uma estação do metrô de Tóquio, de uma nuvem de gás mortífero, o *sarin*, matando uma dúzia de pessoas e afetando gravemente várias centenas de outros passageiros. A eficiente polícia japonesa conseguiu identificar os autores do atentado: uma seita místico-esotérica, a Aum Shrinkio - "Suprema Verdade".

O chefe da seita foi identificado como um octogenário semi-desequilibrado e quase cego, de nome Shoko Asahara, possuidor de uma fortuna pessoal de algo como *dois bilhões de dólares*, que já havia adquirido, no vasto estoque de armas à venda na ex-União Soviética, um helicóptero especialmente adaptado para o lançamento de gases e conseguido produzir, em um laboratório clandestino, bastante gás para matar vários milhões de pessoas. É provável que este venerável ancião venha a festejar o seu centenário em uma prisão japonesa, e o seu estoque de gás, aprendido pela polícia, foi devidamente inutilizado. Foi apurado que além do helicóptero ele havia obtido, também na ex-URSS, engenhos lançadores de mísseis e assistência técnica para a sua eventual utilização. Felizmente, poucos loucos são bilionários, mas já temos entre nós dois exemplos, o venerável Shoko Asahara, em sua prisão japonesa, e o sinistro barbudo Osama bin Laden, por enquanto em segurança em sua toca.

Imaginemos agora que outros fanáticos, financiados por outro bilionário terrorista, ou por um Estado dentre os que hoje já patrocinam ações terroristas, venham a montar um laboratório dirigido por um gênio do mal, bisneto do Professor Moriarty ou do Doutor Moreau, capaz de realizar culturas de microorganismos mortais para o homem. Suponhamos que seja espargida em um supermercado norte-americano ou europeu uma nuvem de microorganismos portadores do anthrax — capazes de trazer uma forma horrível de morte, dentro de poucos dias, a qualquer pessoa que os respire. 500 ou 600 pessoas poderiam ser afetadas — que durante um par de dias sentiriam apenas o que suporiam ser os sintomas de um resfriado; mas que pereceriam sem escapatória, entre sofrimentos atrozes, poucos dias depois. A pavorosa hecatombe desencadearia pânico incontrolável entre a população, dezenas de milhares de pessoas saturando e submergindo a infra-estrutura de assistência médica e assediando as autoridades desorientadas e impotentes. O caos, enfim, destruidor da ordem política e social.

O anthrax, possível e mesmo provável vilão de tragédias de destruição em massa, é uma bactéria, *Bacillus anthracis*, geradora de espórios reprodutores que podem ser secados, moídos em partículas e conservados. Quando inaladas por seres humanos, essas partículas provocam insuficiência respiratória e causam a morte em poucos dias.

Há poucos meses, o Presidente Clinton nomeou um Assessor Especial, o senhor Richard Clarke, incumbido de coordenar a ação de cerca de 40 órgãos governamentais, desde o Pentágono até os Centros de Controle de Epidemias, com o objeto de prevenir e combater ações de terrorismo biológico ou cibernético — hipóteses que surgem ambas portanto como plausíveis para o Governo dos Estados Unidos da América. O Presidente Clinton, aliás, declarou em recente discurso pronunciado na Academia Naval de Annapolis que "os inimigos da Nação poderão, no futuro, recorrer a ataques cibernéticos contra as redes vitais de informática do país, *ou utilizar sistemas de destruição em massa*". O Professor Hoffman, da Universidade de St. Andrew's na Escócia, criou ali um centro de estudos sobre terrorismo, baseado na convicção de que as novas organizações terroristas, tanto as asiáticas como as islâmicas, são inspiradas por um fanatismo sem objetivos políticos ou militares concretos, mas apenas com o propósito de levar a morte e a confusão às sociedades civis. São processos tanto mais perigosos porquanto é impossível prever e proteger os seus possíveis alvos.

O anthrax é considerado o agente mais provável de um ataque por armas biológicas contra o Ocidente: em dezembro de 1997 o Secretário de Defesa dos Estados Unidos da América, William S. Cohen, anunciou sua decisão de fazer vacinar contra o anthrax todos os militares norte-americanos servindo na área do Golfo Pérsico, atendendo a uma recomendação do General Anthony Zinni, Chefe do Central Command do Exército dos EUA e do General Henry H. Shelton, Presidente da Junta dos Chefes de Estado-maior das Forças Armadas, dada a possibilidade de que o Iraque disponha dessa terrível arma biológica. Como se vê, o assunto já saiu do domínio da ciência-ficção para o campo das sérias probabili-dades.

O terrorismo da bomba e do punhal já é coisa do passado. No futuro perfila-se o neoterrorismo dos gases e dos micróbios.

Mais provavelmente dos micróbios, pois os peritos do anti-terrorismo apontam que é bastante difícil esconder grandes estoques de substâncias químicas perigosas — haja vista a rapidez com que a polícia japonesa localizou e destruiu os estoques de gás sarin da Seita da Suprema Verdade, ao passo que mínimos volumes de culturas microbianas seriam fáceis de dissimular e poderiam ter efeitos ainda mais catastróficos.

V – Justiça para os Injustiçados

PENSÃO PARA CALABAR NETO

Recebi pelo correio uma carta, de cuja autenticidade suspeitei a princípio, pensando que poderia tratar-se de uma mistificação. Verificação feita, não era o caso, e não posso portanto recusar-me a torná-la pública, segundo pede-me o seu autor. É o seguinte o texto da epístola.

"Prezado Embaixador Pio Corrêa

Havendo lido vários artigos seus, e reconhecido neles o seu zelo no combate à injustiça, pediria que procurasse fazer chegar ao público e às autoridades o meu justo apelo.

Meu nome é Domingos Fernandes Calabar (10º) Neto. Sou descendente em linha direta, pela mão esquerda, do famoso Major Calabar, herói da guerra de Pernambuco no século XVII. No entanto, sou órfão e desvalido. Tenho 47 anos, mas não deixo de ser órfão, já que meu pai e minha mãe são ambos falecidos. Sem emprego público, sou obrigado a subsistir de uma pequena porcentagem dos lucros de algumas jovens amigas minhas, de bom coração, que trabalham em cabarés das vizinhanças da Praça Mauá.

Os historiadores burgueses, desde Varnhagen até Rocha Pombo, foram barbaramente injustos em relação à memória do meu ilustre antepassado, de quem fizeram o próprio arquétipo do traidor. Na realidade, ele foi um legítimo patriota, e a sua motivação para desertar do Exército do qual era oficial, passando-se para as fileiras holandesas, era límpida e pura.

Ao tempo, a monarquia luso-espanhola era um Governo imperialista, colonialista e reacionário. A Holanda, ao contrário, era uma República Democrática e Popular, na qual encontravam asilo e editores todos os oprimidos da Europa. O nobre propósito do Calabar era, portanto, sacudir o jugo imperialista e colonialista português que oprimia o Brasil, e do qual Vidal de Negreiros, Henrique Dias e Felipe Camarão eram meros títeres. Meu heróico avô, pelo contrário, para quem os punhados de ouro oferecidos pelos holandeses eram mero detalhe de pouca importância, dedicou-se com fundo idealismo à causa da libertação do Brasil, causa à qual pôde prestar enormes serviços graças ao seu perfeito conhecimento da topografia do teatro de operações em sua terra natal. Assim teve ele a felicidade de guiar à vitória sobre seus iludidos conterrâneos, caindo sobre eles de surpresa, as forças do Coronel von Schkoppe no assalto ao reduto do Rio Formoso, do Coronel Wanderbush na tomada e saqueio de Igaraçu, do Tenente-coronel Steyn Callenfels no ataque ao Arraial do Bom Jesus.

Como é sabido, este meu remoto e heróico avô acabou sendo aprisionado em Porto Calvo pelas forças do regime colonial, julgado por um Conselho de Guerra corrupto e reacionário, condenado à morte, e dois dias depois, na data infausta de 21 de julho de 1635, enforcado e esquartejado.

Veja-se agora a injustiça da História. Século e meio mais tarde, outro oficial, um simples alferes, foi da mesma forma executado. A este, a posteridade tributou grandiosas homenagens, erigiu-lhe estátuas, deu o seu nome a ruas, praças, e até a uma cidade. Ao Major Calabar, é certo, foram prestadas honras militares por tropas holandesas ao reocuparem estas Porto Calvo; mas nenhuma cidade de sua querida terra natal lembrou-se de dar o seu nome a uma rua, quanto mais erigir-lhe uma estátua.

Vejo que os herdeiros de pálidos sucessores do meu ilustre avô são hoje aquinhoados pelo Estado com gordas pensões; parece-me que estou no caso de reclamar para mim iguais proveitos. Afinal, o meu antepassado também foi desertor do Exército, também foi executado depois de aprisionado. Não teve ensejo de esmigalhar a coronhadas a cabeça de algum prisioneiro seu, pois o arcabuz de modelo 1630 não era tão manejável, à maneira de tacape, quanto um fuzil moderno; mas permitiu que seus camaradas holandeses pudessem matar dezenas, centenas, de brasileiros.

Rogo, portanto, que faça chegar a quem de direito o meu apelo, para que possa eu, com mais títulos ainda do que esses outros, ser aquinhoado com uma pensão que permita-me subsistir dignamente e sustentar com brilho o nome do meu antepassado.

(A)Domingos Fernandes Calabar."

CASTANHOLAS E AZNEIRAS

A opinião pública mundial foi agitada pelo chamado "caso Pinochet", originado em um tribunal espanhol, no qual o Meritíssimo Juiz Don Sancho Panza de Garzón y Caracoles, sapateando um violento flamenco ao som de castanholas, expediu às Justiças da Grã-Bretanha um pedido de prisão preventiva, para posterior extradição e julgamento no seu tribunal, do Senador chileno Augusto Pinochet, sob a inculpação de crimes cometidos no Chile. Surpreendentemente, o Primeiro Ministro espanhol, Senhor Aznar, prometeu apoiar junto ao Governo britânico o pedido de extradição.

Mais surpreendentemente ainda, o Governo britânico do Senhor Tony Blair atendeu ao pedido espanhol de prisão de um cidadão estrangeiro, não súdito espanhol, acusado de crimes cometidos no território de terceiro país, no caso o Chile.

Ora, qualquer pessoa com a mais leve tintura de conhecimento do Direito Internacional sabe que tudo isso constitui uma monstruosidade jurídica inominável e uma coisa estapafúrdia à luz do mesmo Direito. Extradição é matéria regulada, desde a mais alta antigüidade, por diplomas jurídicos. No ano de 1272 antes de Cristo foi firmado um tratado de extradição entre o Reino do Egito (sob o reinado do grande faraó Ramsés II) e o Império Hitita. Desde então, no curso da História, foram firmados inúmeros outros tratados de extradição; mas, paralelamente, foi-se firmando o princípio de que o instituto da extradição deveria assentar em princípios gerais de Direito, pelos quais deveriam pautar-se os tratados bilaterais, e que deveriam ser aplicados mesmo na ausência de tratados entre as partes. Nesse sentido expediu-se, em 1868, o *Select Committee on Extradition* do Congresso norte-americano, aprovando parecer do Deputado Hammond; no mesmo sentido pronunciou-se, mais perto de nós, em 1911, o ilustre jurista John Bassett Moore em seu tratado sobre a matéria, "Extradition", no qual recorda que em 1804 foi o próprio Jefferson que, em nota passada à Legação de França, negou-se a atender a um pedido de extradição por não reconhecer à França jurisdição no caso.

É ponto pacífico de longa data que a extradição só pode ser requerida pelo país no qual o crime imputado foi cometido; já o dizia em 1675 o jurista britânico Sir Leoline Jenkins: "*every man, by the usage of our European nations, is justitiable in the place where the crime is committed*".

A medida de prisão preventiva aplicada ao Senador Augusto Pinochet provocou um enérgico protesto do Presidente da República do Chile, estranhando com justa razão a complacência das autoridades britânicas e contestando, também com sobrada razão, a autoridade de um juiz espanhol para conhecer de supostos crimes cometidos fora do território da Espanha. O Presidente Frei não resistiu à tentação de observar que os espanhóis deviam ter a memória fraca, já que haviam neste século beneficiado de quarenta anos de uma ditadura comparada com a qual a dos quinze anos do Presidente Pinochet poderia parecer branda e benevolente. *Off the record*, meios chilenos comentaram que, no mesmo momento em que o Primeiro Ministro Aznar opinava que todos os governantes com mãos tintas de sangue deveriam ser traduzidos diante de tribunais achava-se a seu lado, cumulado de gentilezas e sorrisos pelo Governo espanhol, o Presidente Fidel Castro, o homem do *Paredón*, cuja quilometragem de quarenta anos de ditadura excede largamente os quinze anos de Pinochet, e cujo *curriculum vitae* como exterminador de adversários políticos e de meros dissidentes é singularmente mais frondoso do que o do ex-Presidente chileno.

Caberia recordar aqui que o motivo do surgimento em países da América Latina de governos militares severos foi a intenção declarada do Senhor Fidel Castro de "exportar a revolução cubana para toda a América latina", e fazer da Cordilheira dos Andes "uma nova Sierra Maestra". Aliás, como morreu o seu fiel escudeiro "Chê" Guevara? Foi ouvindo Missa na Catedral de Havana ou infiltrado clandestinamente na Bolívia, ao tentar promover uma insurreição contra o Governo daquele país?

Em boa hora, porém, o douto Procurador Geral do Reino de Espanha desaprovou altamente a ação "vedetista" do Juiz Sancho Panza, negando-lhe autoridade para conhecer de fatos ocorridos em território de outro país, e negando fundamento à alegação do magistrado de que tais fatos haveriam constituído "genocídio", e portanto crimes contra a humanidade, por isso puníveis mesmo fora do *locus acti*. O Chefe do Ministério Público espanhol sublinhou que "genocídio" significa "extermínio em massa dos membros de uma etnia", como é o caso na África entre Hutus e Tutsis, ou no Sudão pelo Governo islâmico contra a etnia Dinkaa. Obviamente isso não ocorrera no Chile.

Sugere-se ao Juiz espanhol pedir a extradição do ex-Presidente Idi Amin e do ex-Imperador Bokassa. Seriam processos bem mais pitorescos, incluindo, no segundo caso, saboroso ingrediente de canibalismo.

VI – Princípios e Prática da Diplomacia

ESCOLA DE CIVISMO
(Discurso de posse na Chefia do
Departamento Político do Itamaraty)

Este momento representa necessariamente em minha vida um marco decisivo e um conhecimento capital; a realização de um sonho da primeira mocidade, tão remoto em aparência então, que hoje custa-me crer que se haja concretizado e dar-me conta de que o jovem Secretário de outrora sucede por sua vez a ilustres Chefes que tantos anos atrás de longe reverenciava. Sinal de que a juventude findou, e de que começa, com as responsabilidades do comando, o isolamento do passadiço.

Quis de mais a mais Vossa Excelência que eu assumisse a chefia do Departamento Político e Cultural no instante mesmo em que acabo de galgar o último escalão da carreira diplomática: criando assim a sua generosidade e a do Senhor Presidente da República os auspícios mais favoráveis para a minha gestão e prestigiando de modo assinalado o Departamento que vou dirigir. A confiança que Vossa Excelência, Senhor Ministro de Estado, tão bondosamente me manifestava inspira-me por sua vez confiança em mim mesmo, ao mesmo tempo que a vontade determinada de corresponder à sua boa opinião, e justificar os motivos de sua escolha. O critério por que Vossa Excelência se inclinou ao fazer essa escolha vem reatar a antiga tradição, de trazer à chefia deste Departamento funcionários veteranos, afeitos à prática do serviço no exterior e do trato com os Governos estrangeiros. É exato, e será talvez uma desvantagem para mim, que às vésperas de celebrar as minhas bodas de prata com a carreira diplomática não servira ainda nos órgãos da Secretaria de Estado: em linguagem militar diria que sempre "servi na tropa", nas longínquas guarnições, sendo esta a primeira vez que venho integrar o "Estado-maior" do Ministério. Inversamente, a minha experiência de "tarimba" abrange nesse longo espaço de tempo, a bem dizer, todos os quadrantes do mundo: Extremo-Oriente, Oriente Médio, Europa Ocidental, Europa Oriental, América do Norte, América do Sul, sem falar nesse sub-Continente *sui generis* que é a Organização das Nações Unidas. Ignoro talvez os labirintos às vezes perigosos deste Palácio, mas conheço de perto as condições de funcionamento e as necessidades de nossas Missões diplomáticas no exterior, que são afinal os olhos e os ouvidos do Itamaraty, e cuja eficiência individual é necessariamente a medida da eficiência geral de nossos serviços.

Não me escapa a magnitude das responsabilidades que vão me caber, e das quais a mais imediata consistirá em restituir ao Departamento Político, na pendência da reforma que nos dará nova estrutura, o papel que lhe destinou o espírito do legislador, e do qual foi sensivelmente afastado por circunstâncias fortuitas: a saber, o de centro nervoso e corpo de batalha da diplomacia brasileira, instrumento específico dos escalões supremos na interpretação da conjuntura mundial e na elaboração das diretrizes da política externa. Com efeito, não existe nesta Casa fato ou assunto algum que, em última análise, não seja político: os fatores econômicos, culturais, técnicos, e mesmo administrativos e pessoais, que constituem individualmente a própria substância da diplomacia moderna, aqui se enfeixam e se apresentam como componentes de um conjunto de fenômenos que não se podem dissociar, e que são políticos em sua essência como em suas conseqüências.

Longe de mim, bem entendido, esboçar aqui sequer a sombra de rivalidades ou susceptibilidades interdepartamentais: ao contrário, o que ofereço aos meus Colegas, Chefes dos demais Departamentos, é uma fraternal união, uma irrestrita e leal cooperação, digna da amizade que há tanto nos une, dos ideais que partilhamos, desse espírito de Corpo que podemos confessar orgulhosamente, porque é feito de lealdade ao Estado e a um alto padrão de dedicação ao Serviço público. A Reforma, aliás, está às portas, para fundir muitas linhas demarcatórias cuja artificialidade é desde já evidente.

As responsabilidades a que aludi acentuam-se neste momento em que o Brasil, solicitado por uma vocação irresistível, desperta para altos destinos na órbita internacional; em que a nossa presença política, tradicional no Continente Americano, começa a projetar-se até os confins da terra, com uma nova consciência de nossa missão e de nossas possibilidades. Essa vocação de grandeza, que não pode mais ser contestada, essa crescente projeção mundial, exigem uma tomada de posição frente a inúmeros e complexos problemas da vida internacional, em face dos quais a nossa época não admite improvisações fáceis nem atitudes emocionais; exigindo, sim, definições fundadas no conhecimento perfeito dos fatos e em sua segura interpretação à luz do interesse nacional.

Em cada caso compete ao Departamento Político apreciar e cotejar as informações transmitidas pelas Missões no exterior, esclarecer a opinião das autoridades superiores, submeter-lhes planos de ação, e executar suas diretrizes.

Para que seja satisfatoriamente desempenhada essa tarefa, para corresponder à confiança de Vossa Excelência, Senhor Ministro de Estado, terei de exigir muito de meus colaboradores; e de ninguém mais do que de mim mesmo. Do tempo que passei, em minha primeira juventude, no serviço das armas, conservei certos traços indeléveis: o rígido senso da disciplina, o zelo intransigente e por assim dizer religioso pêlos interesses do Estado, e o orgulho propriamente de *servir*, no alto sentido da palavra. Nesses sentimentos, que sempre me animaram, encontro singular encorajamento no momento em que assumo as responsabilidades desta Chefia; mas muito mais ainda na profunda fé que tenho nesta Casa a que pertenço e à qual Vossa Excelência comanda: fé na capacidade de seus quadros, fé no patriotismo que sempre norteou a sua ação, e que é o melhor penhor de sucesso em qualquer tarefa de Governo. Ninguém mais consciente do que nós da grandeza da Nação, ninguém mais cioso de sua segurança. Esta ilustre Casa sempre foi baluarte e escola de civismo, fonte viva de brasilidade: a própria forma física da Pátria na carta das Américas, foram nossos predecessores quem lhe fixaram para sempre os contornos sagrados.

Eis porque, Senhor Ministro de Estado, é sem receio nem hesitação que começo a enfrentar hoje a prova decisiva de minha carreira. Rogo a Vossa Excelência que receba aqui o meu compromisso de bem servir, com absoluta abstração de qualquer interesse próprio ou ambição profissional. Peço que aceite, igualmente, a segurança da minha inquebrantável lealdade pessoal a Vossa Excelência no cargo que vou exercer; e, enfim, a expressão de minha comovida gratidão pela honra que me faz neste instante.

7/10/59

TRADIÇÃO DE GRANDEZA
(Discurso de Posse como Secretário-Geral do Itamaraty)

Ao assumir o alto cargo de Secretário-Geral do Ministério das Relações Exteriores, a que me chama neste momento a desvanecedora confiança do Governo da República e do Chanceler Juracy Magalhães, é impossível não voltar um instante o pensamento para a grande figura de Visconde de Cabo Frio, cuja sombra tutelar paira ainda sobre esta Casa, onde durante tantos anos representou o elo da continuidade administrativa e da inalterabilidade da doutrina diplomática, e onde sua recordação se acha inseparavelmente ligada à memória do Barão do Rio Branco, de quem foi o mais dedicado e leal colaborador.

Quando, há quase 30 anos revolutos, ingressei na Carreira diplomática, recordo-me de haver visto, naquela sala que a partir de hoje será o meu posto de trabalho, os maiores servidores do Itamaraty, homens como Maurício Nabuco e Cyro de Freitas-Valle, que desde ali governaram, com autoridade, patriotismo e dignidade inexcedíveis, os serviços desta Casa.

A simples evocação desses grandes nomes obriga o novo titular a uma grave reflexão e a um humilde exame de consciência, ao traçar-lhe a dimensão do compromisso que assume e da responsabilidade quase assustadora que lhe incumbe como sucessor de alguns dos maiores servidores do Estado. Longe de mim, decerto, querer comparar-me com os ilustres predecessores que acabo de citar, ou com homens como meu saudoso chefe o Embaixador Mario de Pimentel Brandão ou o meu grande amigo o Embaixador Hildebrando Accioly, cujo legado honra para todo o sempre as nossas letras jurídicas; cada geração, no entanto, deve enfrentar sem trepidação os compromissos da hora, fazendo, se preciso, das fraquezas forças para elevar-se à altura dos exemplos do passado e das exigências do presente.

Não poderia eu, aliás, assumir esta Secretaria Geral em circunstâncias para mim mais felizes e mais propícias, no momento em que a política exterior do Brasil pode reintegrar-se em uma secular e luminosa tradição de grandeza. Não somos caudatários de ninguém; e por isso mesmo que não o somos nem o queremos ser, o nosso lugar é na primeira linha e na ponta de vanguarda dos povos amantes da Liberdade e dispostos a defendê-la. Não convém à altivez da Nação brasileira uma política exterior sinuosa e coleante, feita de subentendidos ou de mal-entendidos, de sutilezas manhosas ou de dubiedades equívocas; não é digno de nós mendigar favores sob ameaças veladas, nem mercadejar a preço de ouro o nosso apoio a princípios morais. De todo o sempre, desde os albores da Independência, nossa política exterior foi feita de atitudes claras e corajosas; e ainda em um passado recente, o Brasil não hesitou em pagar o preço do sangue de seus filhos em defesa dos princípios que professa e do patrimônio moral e jurídico que partilha com as Nações livres da terra.

Desde que acedemos ao concerto dos Estados soberanos, já na plena maturidade de uma formação política e jurídica herdada de uma nobre Metrópole, fizemos sempre gala e pundonor em ombrear de igual a igual com as Nações mais antigas e civilizadas, e ainda aí está bem viva a recordação de Rui Barbosa em Haia, de Rodrigo Octávio, Epitácio Pessoa e Raul Fernandes em Versalhes, de Rio Branco e de Joaquim Nabuco em tantas e tantas Conferências internacionais, sempre defendendo desassombradamente posições afirmativas e não negativas, positivas e não condicionais, idealistas e não mercenárias, sem prejuízo de zelar ciosamente pelos interesses materiais da Nação, que a nossa diplomacia, pelas décadas afora, soube sempre vitoriosamente defender e engrandecer. Nossa vocação internacional, vasada no amor à Paz e no respeito aos direitos alheios, bem como aos princípios jurídicos, é definida e corajosa: somente uma aberração momentânea, contrariando por um passageiro instante as correntes da História, poderia fazer-nos pender para a zona crepuscular do neutralismo, onde se esfumaçam e diluem os contornos dos princípios morais pelos quais nossos maiores lutaram e morreram, no afã de criar nações livres, regidas pelo império das Leis dentro do respeito à dignidade humana. O desafio dos nossos tempos exige coragem e clareza, e também um conteúdo ideológico válido para uma política exterior: como o disse em palavras imortais o grande estadista francês que foi Edouard Herriot, "contra as metafísicas da servidão precisamos erguer a lógica e a moral da Liberdade".

Permita-me um instante, Senhor Ministro Juracy Magalhães, que me dirija especialmente aos funcionários desta Casa, que serão meus colaboradores sob as ordens de Vossa Excelência. A eles quero dizer que o Governo a todos nos convida para uma grande aventura: a de juntos criarmos e desenvolvermos uma política exterior atuante, viva, eficaz e ágil, digna das altas tradições do Itamaraty e penetrada de fé nos grandes destinos do Brasil. Para isso precisaremos fazer apelo ao espírito de corpo que sempre nos distinguiu; não decerto sob a forma de vaidade de casta ou de defesa de privilégios, e sim de solidariedade inquebrantável, de lealdade ao Estado e sobretudo de vivo patriotismo. O meu apelo dirige-se não só ao pessoal da Secretaria de Estado, como também ao das Missões no exterior, que são as nossas longínquas guarnições disseminadas pelo globo; não somente aos meus colegas da Carreira, mas também ao pessoal auxiliar de todas as categorias, que partilha os nossos trabalhos. De todos espero muito; de todos espero essa total dedicação que por sua vez todos têm o direito de esperar de mim. Bem sei que é difícil muitas vezes manter ardente a chama do zelo profissional, se escasseiam os objetivos visíveis e válidos do sacrifício e do esforço. Aos Chefes caberá, em todos os escalões da cadeia hierárquica, criar e manter entre seus colaboradores a impulsão, a preocupação e o prazer de bem servir, a alegria do esforço criador, apontando-lhes metas, apoiando e alentando o seu zelo, dando-lhes o exemplo da iniciativa fecunda e do trabalho escrupuloso. Que ninguém se deixe esmorecer no marasmo e na rotina burocrática: que todos sintam o desafio da hora presente e a honra de participar de uma grande obra para o bem do Brasil.

Mais ainda do que nós, os veteranos que já chegamos à última etapa da Carreira, a jovem geração desta Casa deve sentir-se privilegiada em viver um momento em que a política exterior do Brasil pode, graças à Revolução, revestir-se de aspectos dinâmicos e positivos, traçar diretrizes firmes e ambiciosas, e, fugindo à rotina e à mediocridade, evoluir com segurança e agilidade. A juventude é generosa, inquieta, faminta e sedenta de horizontes e de aventuras, de objetivos que possam despertar o seu entusiasmo e inflamar a sua imaginação. Nos anos pregressos essa juventude pôde talvez sentir-se à míngua de tais objetivos, frustrados os impulsos e ilusões com que abraçara a Carreira. Quando ocorrem tais circunstâncias, a santa impaciência dos verdes anos ameaça degenerar em ceticismo desalentado, ou buscar os perigosos canais das ideologias subversivas.

Não devemos admitir nesta Casa nem uma, nem outra dessas deformações. Nossa Carreira oferece as mais brilhantes possibilidades de realização aos espíritos nobres e corajosos, e não há ambição que seja demasiado alta para um homem desta Casa. Entre essas ambições a mais alta, quotidianamente realizável, deve ser a de bem servir ao Brasil. Nesta hora histórica, a necessidade de promover o pleno desenvolvimento econômico do país, de afirmar a sua grandeza no plano interno e externo, e de preparar os quadros dirigentes do Brasil de amanhã, é o empolgante panorama dentro do qual se move a diplomacia brasileira. A renovação moral da Pátria rasga ao Itamaraty novos rumos e descortina à nossa ação vastos horizontes. Quero que esta consciência se faça sentir em todos os escalões deste Ministério e chegue às mais remotas Missões diplomáticas, para que o Itamaraty, sob a direção de Vossa Excelência, Senhor Ministro de Estado, possa reviver os seus mais áureos tempos, elevar-se à altura de suas mais nobres tradições de trabalho e de disciplina, e adaptar-se às exigências cada vez mais complexas do convívio internacional.

Não pode haver maior honra para um funcionário do Itamaraty do que ocupar o cargo de Secretário Geral, que representa o mais alto escalão a que possa atingir dentro da hierarquia da Casa. Com grande emoção recebo este cargo das mãos de meu colega e amigo Embaixador Antonio Castello Branco Filho, que o exerceu com tanta dignidade e a quem devo tanta gratidão pelo apoio que dispensou à Missão que acabo de exercer no Uruguai. Sei que falo em nome da Casa inteira ao manifestar a esperança que, de nossa parte, colocamos na gestão de Vossa Excelência à frente deste Ministério, no qual já o havia integrado a sua brilhante atuação na chefia da mais importante de nossas Embaixadas. Desde a gesta de Trinta, Vossa Excelência vem fazendo sentir a sua ação, e deixando a marca de sua personalidade, nos mais diversos setores da vida nacional; no momento em que a Política Exterior passa a obedecer às diretrizes de Vossa Excelência, é para mim uma honra colocar-me às suas ordens, manifestando-lhe o meu profundo reconhecimento pela distinção que me confere, a escolha que fez de mim e que o Senhor Presidente da República teve a generosidade de aprovar. Praza a Deus que eu possa encontrar forças e capacidade para não desmerecer da confiança que Vossa Excelência neste instante me está manifestando; e quero falar mais uma vez, não apenas em meu nome, e sim no da Casa inteira, ao dizer que Vossa Excelência encontrará de nossa parte a mais absoluta lealdade, a mais perfeita dedicação, conscientes que estamos todos do alto privilégio que constitui poder colaborar com Vossa Excelência nesta fase decisiva dos destinos do Brasil.

SAUDAÇÃO A RAUL FERNANDES
(Discurso de saudação ao Ministro Raul Fernandes,
por ocasião de seu 90º aniversário)

Conferiu-me a Sociedade Brasileira de Direito Internacional o alto privilégio, e a singular responsabilidade, de saudar em seu nome a Vossa Excelência, nesta data em que os seus amigos e admiradores, vale dizer o Brasil inteiro, rejubilam-se por vê-lo atingir, no apogeu de sua fama de jurisconsulto e de estadista, o marco de mais uma década de gloriosa existência.

Foi generosa esta douta Sociedade para com o mais novo de seus Membros, ao incumbi-lo de trazer a Vossa Excelência este preito de homenagem e de afeto, e de enaltecer aqui a sua obra no Ministério das Relações Exteriores, Pasta que por duas vezes geriu com brilho inesquecível. Se me sinto à vontade para fazê-lo, é justamente porque nunca me tocou, em qualquer de suas duas gestões, a fortuna de fazer parte do grupo de seus colaboradores imediatos; se bem que haja eu permanecido tão fiel quanto qualquer deles ao pensamento de Vossa Excelência e à luminosa e segura doutrina que firmou nesta Casa.

Duas vezes Vossa Excelência honrou o Itamaraty com a sua simples presença, por si só suficiente advertência às Nações amigas de que o Brasil continuava fiel aos mais altos padrões históricos de sua política exterior; por duas vezes, Vossa Excelência enriqueceu esta Casa com o patrimônio de um alto saber jurídico, de uma vasta experiência das relações internacionais, de um antigo conhecimento e trato familiar com os maiores estadistas de todas as Nações, enfim, de um prestígio mundial cujo brilho se refletia necessariamente sobre toda a ação diplomática do Brasil, emprestando-lhe crédito, força e autoridade.

Como toda a sua vida pública, a presença de Vossa Excelência no Itamaraty assinalou-se por uma sóbria e severa simplicidade, desdenhosa de todo subterfúgio demagógico e avessa a qualquer excesso retórico. Os autores latinos definiam, como qualidade essencial e mais nobre característica nacional de sua raça, a *gravitas romana*: entendendo por essa *gravidade*, não isenta do espírito e da ironia que lampejam em Cícero ou em Juvenal, a atitude sempre decorosa, o comedimento na linguagem, a dignidade nunca desmentida ainda na maior familiaridade, a nobre simplicidade das maneiras. Essas virtudes romanas, herdadas da tradição exemplar e patriarcal dos estadistas do Império e da primeira geração republicana, nós os mais jovens nos acostumamos a associá-las instintivamente com a venerável figura que por duas vezes ilustrou esta Casa. Essa própria simplicidade, a sua indiferença por qualquer consideração de popularidade pessoal ou de engrandecimento próprio, é que hoje aureolam a sua personalidade com o brilho de uma glória inconstestável e autêntica, do respeito universal de que sou aqui um dos muitos intérpretes e o mais modesto deles.

Não por acaso, portanto, a ação diplomática do Brasil durante as duas gestões de Vossa Excelência caracterizou-se pela corajosa elevação dos propósitos, pela clareza das doutrinas, pela firmeza das atitudes. Testemunha de todos os acontecimentos capitais deste século, profundamente versado na história de nossa vida internacional, Vossa Excelência nos ensinou que em diplomacia não se improvisa impunemente, que cada passo tem que ser cotejado com o seu contexto histórico, cada fato apreciado em relação com a longa concatenação de causas e de efeitos que emerge do passado, da qual o presente é expressão fugaz, e que se projeta no futuro. Nem por isso, aliás, a tradição diplomática é estéril ou estática: como a jurisprudência civil, ela é essencialmente construtiva e o seu papel é, resguardando ciosamente as conquistas do passado, adaptar-se à realidade cambiante da vida dos povos. Ninguém melhor do que Vossa Excelência, Senhor Ministro Raul Fernandes, soube dar essa tônica à atuação da Chancelaria brasileira nos anos modelares em que a dirigiu; ação sempre fundada em sólido terreno jurídico, sempre afinada com as doutrinas historicamente defendidas pelo Brasil.

Ninguém também, mais do que Vossa Excelência, teve a coragem de suas convicções, nem soube melhor exprimir as verdadeiras convicções da Nação brasileira. Sob a sua orientação, as atitudes do Brasil foram sempre afirmativas e explícitas, posições de vanguarda em defesa do mundo que é o nosso, da civilização que é a nossa, do patrimônio jurídico que é o nosso, do Direito e da Liberdade segundo definições insofismáveis. Sua palavra clara, incisiva e sem rebuços nos delineou sempre, com a meticulosa precisão da boa diplomacia. os contornos exatos dos interesses do Brasil e da posição internacional que é a projeção daqueles; sem arrogância nem timidez, com a corajosa e leal franqueza que é apanágio dos grandes estadistas e dos homens de bem.

Para Vossa Excelência, o fato político se situa sempre dentro de um quadro jurídico e se reveste sempre de um valor moral aferido por um padrão ético que proscreve quaisquer considerações de oportunismo: essa "moral internacional" e essa "tábua de valores" a que se referiu o seu discurso inaugural da Conferência Interamericana para a Manutenção da

Paz e da Segurança no Continente. O mesmo pensamento é o tema do discurso de encerramento daquele Conferência, no qual Vossa Excelência nos aponta o ideal de "uma legislatura que, definindo o lícito e o ilícito nas relações entre os Estados, substitua na vida internacional o princípio de potência pelo da ordem baseada na lei propiciando liberdade e justiça".

Coube a Vossa Excelência o privilégio, que não tocou a nenhum outro brasileiro, de participar como Delegado em ambas as Conferências internacionais incumbidas de reconstruir a Paz sobre os escombros deixados pelas duas Grandes Guerras de nosso tempo. Talvez por isso mesmo, o seu incessante esforço em defesa da Paz revestiu-se de um raro realismo. "A Paz", disse Vossa Excelência certa vez, "é um estado de espírito"; entendendo por aí que a ausência formal de um estado de guerra não é a paz, que a verdadeira paz pressupõe um sincero e universal respeito à soberania dos povos e uma rígida abstenção, por cada Estado, de toda ingerência nos negócios internos alheios; que dentro do estado jurídico de paz existem muitas formas de agressão; e que ante essas formas de agressão os povos verdadeiramente amantes da paz precisam acautelar-se para sobreviver. Diz da guerra o brocardo latino que ela é *ultima ratio regum*; por uma fácil aliteração, podemos dizer que ela é também *Última ratio LEGUM*, o último recurso das leis violadas, a última salvaguarda do Direito ofendido. Foi sob a Presidência de Vossa Excelência que os representantes dos Estados Americanos elaboraram, faz justamente disso 20 anos, esse Tratado de Assistência Recíproca, até hoje o mais forte escudo da segurança do Continente.

"A Paz", disse Vossa Excelência, "é a ordem baseada na Lei." E alhures afirmou: "o Direito nada vale sem uma sanção preventiva ou punitiva de suas violações". Foi dentro dessa concepção, ao mesmo tempo nobre e realista, que, ante a agressão comunista na Coréia, Vossa Excelência, como Chefe da Delegação brasileira à Assembléia Geral das Nações Unidas, argüiu no plano mundial esse mesmo princípio, que já fizera triunfar nas Américas, da solidariedade, levada se preciso até os mais extremos limites, na defesa de qualquer país ameaçado em sua soberania.

Senhor Chanceler Raul Fernandes: nenhum dos seus contemporâneos se poderá orgulhar de um tributo mais espontâneo, mais merecido nem mais universal do que este preito de admiração e respeito que, do país inteiro, vai ao homem que passou pela vida, nos mais altos cargos, indiferente a todo louvor, alheio a toda adulação, atento apenas aos ditames de uma alta consciência cívica e de um estrito e inflexível sentido do dever. Na vida forense, na vida política, a sua grande figura de jurisconsulto e de estadista nos assinalou sempre os verdadeiros padrões da capacidade e do saber, e nos traça, nas homenagens que hoje a tão justo título lhe são prestadas, a definição da verdadeira glória.

Não sei, meu ilustre Mestre e antigo Chefe, se bem ou mal me desempenhei da missão que me foi dada por esta Sociedade, de retraçar o perfil de "Raul Fernandes, duas vezes Chanceler", e de tributar-lhe o preito de nossa respeitosa admiração; quem me conhece sabe, porém, que se a minha palavra traiu o meu pensamento foi para ficar aquém, e não além, dos sentimentos que exprimi em meu nome e no de todos, e que é de um coração sincero, e com profunda e afetuosa veneração, que, ainda em nome de todos, venho dizer a Vossa Excelência: "Feliz aniversário!"

1967

HOMENAGEM A RODRIGO OCTAVIO

Minha participação nesta cerimonia não será em qualidade de orador — para a qual se acha tão naturalmente indicado no caso o ilustre Professor Haroldo Valladão, verdadeiro e único orador oficial de hoje; cabe-me, apenas, ao abrir a sessão que nos reúne, trazer à memória de Rodrigo Octavio a justa homenagem desta Casa, à qual ele por muitas formas serviu e que muito amou, e associar a essa homenagem o meu modesto tributo pessoal, na qualidade de seu longínquo sucessor no segundo cargo da hierarquia desta Secretaria de Estado.

O Professor Valladão vos falará do jurista, do grande mestre de Leis, que foi o Professor Rodrigo Octavio Langaard de Menezes; quanto a mim, gostaria de evocar aqui os serviços por ele prestados ao Itamaraty, e a sua íntima e longa associação com esta Casa.

Ao assumir, com efeito, o cargo de Subsecretário de Estado das Relações Exteriores no Governo Epitacio Pessoa, sob a gestão do Ministro José Manoel de Azevedo Marques, Rodrigo Octavio estava longe de ser um estranho ao Itamaraty, a cujos quadros aliás deveria logicamente ter pertencido; trazia também em sua bagagem numerosas recordações e conhecimentos ligados à história diplomática do Brasil, e mais particularmente à gestão do Barão do Rio Branco, de quem fora amigo e cuja mais alta confiança soubera merecer.

Os seus primeiros contactos com o Ministério das Relações Exteriores remontam ao ano de 1893, mas foram circunscritos à efêmera gestão do Ministro Carlos de Carvalho, que não chegou a completar um mês à frente do Ministério, ao qual voltaria, é verdade, e por longo tempo, no Governo seguinte. O encontro decisivo dá-se, porém, em Berlim, em 1902, quando o destino o coloca em presença do Barão do Rio Branco.

Nunca mais, desde então, deixaria Rodrigo Octavio de gravitar na órbita do Itamaraty, do qual se tornou freqüente colaborador e pouco menos que parte integrante, à medida que crescia a sua familiaridade com o Barão e a confiança que este lhe dedicava. Convém frisar que, ao mesmo tempo, soube granjear as boas graças e a amizade pessoal do Visconde de Cabo Frio: fato digno de menção, quando se sabe quão parco de manifestações de amizade, e quão desconfiado de recém-vindos era o Visconde, Decano da Casa, à qual pertencia desde 1840, e cuja Secretaria de Estado dirigia desde 1865.

O velho Diretor-geral, carregado de anos e de experiência, e o jovem Rodrigo Octavio encontraram um terreno comum, o da dedicação ao serviço público, para servir de base a uma amizade que devia durar até o fim da vida de Cabo Frio. Nas páginas deliciosas das Minhas Memórias dos Outros vemos reviver o grande velho, com sua alta estatura, suas suíças brancas, seu barrete de seda negra sobre a calva; vendo passar durante meio século as Administrações sucessivas, cooperando esforçadamente com as boas, e, durante as menos boas, esperando serenamente "que essa gente deixasse a Casa", segundo a sua própria expressão recolhida por Rodrigo Octavio.

Em 1920, morto há muitos anos o Visconde, Rodrigo Octavio devia, como Subsecretário de Estado, de certa forma ocupar-lhe o lugar, como "imediato" do Ministro. Não foi, porém, na esfera administrativa, e sim na jurídica e política, que ele devia deixar nesta Casa um rastro marcante. Secretário da Conferência Pan-americana do Rio de Janeiro, em 1906, da qual nasceu, graças ao gênio de Rio Branco, toda uma nova concepção do Pan-americanismo, a mesma que hoje nos norteia; Secretário, no ano seguinte, da Conferência de Haia, ao lado de Ruy Barbosa; Delegado às Conferências de Bruxelas sobre o Direito do Mar; signatário, pelo Brasil, do Tratado de Versalhes, juntamente com Epitacio Pessoa e Raul Fernandes; Chefe da Delegação brasileira à primeira Assembléia da Liga das Nações e Primeiro Vice-presidente dessa Assembléia; Rodrigo Octavio teve ocasião de intervir nos mais altos conclaves internacionais aos quais trouxe o concurso de um alto saber jurídico, desse saber que, a justo título, o levaria um dia ao Supremo Tribunal Federal.

Eis-nos chegados aqui ao cerne da homenagem que hoje tributamos a Rodrigo Octavio, e na qual, não por acaso, vemos associados o Itamaraty e a Sociedade Brasileira de Direito Internacional: refiro-me à contribuição jurídica por ele prestada aos interesses do Brasil no dominio internacional. Quem diz "relações internacionais" diz "Direito internacional"; toda relação política entre Estados tem necessariamente forma jurídica, e, mais do que isso, fundo e substância jurídica. Toda ação diplomática necessita sólido apoio jurídico; e a imensa obra de Rio Branco só foi possível porque, grande jurista ele próprio, teve como colaboradores outros grandes juristas, entre os quais Rodrigo Octavio.

É um vezo perigoso dos nossos tempos relegar com demasiada freqüência às estantes os Tratados de Direito Internacional; e às vezes suspeito que alguns dos nossos jovens colegas, enamorados da ciência econômica que de fato se projetou nos últimos anos com crescente importância no panorama da vida internacional, consideram algo utópicos e anacrônicos os estudos do Direito internacional, e tendem a considerá-los como de alçada exclusiva de especialistas acantonados em um estreito campo. Que a memória de Rodrigo Octavio possa hoje servir-me de exemplo para dizer a esses moços que o Itamaraty só viverá respeitado nos foros mundiais enquanto se preservar a sua tradição jurídica. Um diplomata que não sabe Direito será sempre um medíocre profissional, por mais que saiba de outras ciências, por mais ornado que tenha o espírito de outras letras. Será como um militar que não conheça a fundo a tática e a estratégia: nunca se tornará um grande Chefe, nunca será digno de comandar a grandes forças, nunca poderá vencer grandes batalhas. O Direito ainda é, e sempre será, a própria base de nossa profissão, a pedra angular de nossa formação. Sou, creio eu, insuspeito de qualquer tendência retrógrada no tocante às normas de formação profissional. Tenho sempre aplaudido e favorecido tudo o que possa incorporar a essa formação, e aos métodos de trabalho dos diplomatas brasileiros, os conhecimentos mais diversos e as técnicas mais avançadas; e, no curso de minha própria carreira, tenho sido chamado a servir e a agir tanto no campo econômico quanto no político. Sinto-me, no entanto, alarmado pela crescente indiferença da nova geração da Carreira pelas letras jurídicas; e quero aproveitar esta data, de tão alto e especial significado nos anais do Direito pátrio, para concitar os meus jovens Colegas a que busquem sempre cultivar essas letras, aperfeiçoando e atualizando os seus conhecimentos jurídicos, não como árida obrigação, e sim com prazer e amor; pois a clara compreensão dos problemas legais exige um espírito reto, formado pelo amor à Justiça, e ao Direito que é a sua expressão.

A vida de Rodrigo Octavio é feita de grandes serviços ao Brasil, que pôde prestar graças a um profundo saber jurídico que lhe granjeou grande renome em sua Pátria, e lhe valeu a confiança de Governos estrangeiros, que, por mais de uma vez, o convidaram para integrar tribunais arbitrais. Quero apresentar essa vida hoje como exemplo à jovem geração do Itamaraty que me ouve, e à que está dispersa em postos distantes; para lembrar-lhes que, nas relações internacionais como na esfera interna dos Estados, toda atividade humana se inscreve em um contexto jurídico. Os trabalhos dos grandes mestres, como o que hoje reverenciamos, iluminam o nosso caminho diário nos misteres mais rotineiros de nossa profissão, assim como nas grandes crises e litígios; e a própria morte não faz vacilar a luz que assim nos vale. Rio Branco, Rodrigo Octavio, Joaquim Nabuco, Clovis Bevilacqua, Hildebrando Accioly, ainda diariamente servem à Casa como a serviram em vida; este mundo cambiante em que vivemos está, porém, a pedir novos talentos, que estudem novos aspectos das relações jurídicas. O império do Direito Internacional, que já se estende às mais remotas regiões, já rege a coexistência dos homens nas extensões desoladas do Continente Antártico, já disciplina atividades econômicas no fundo dos mares, hoje, à medida que os homens se afastam cada vez mais do Planeta natal para conquistar outros planetas e para mover-se no espaço sideral, tende até a criar um Direito do Espaço, além do Direito Público Aéreo que já conhecíamos. Os moços do Itamaraty precisam elevar-se à altura de seus predecessores no domínio do Direito, preparar-se para defender com êxito, como eles, os direitos do Brasil; que eles estudem, portanto, como salutar disciplina, a vida e a obra dos grandes jurisconsultos do passado.

10/10/66

MISSÃO CUMPRIDA
(Discurso pronunciado ao transmitir o cargo de Secretário-geral do Itamaraty, ao Embaixador Sérgio Corrêa da Costa, em presença do Chanceler Magalhães Pinto)

Constitui para mim um privilégio transmitir neste instante o cargo de Secretário-Geral das Relações Exteriores, não somente a um Colega distinguido pelas mais altas qualidades profissionais e profundamente impregnado das melhores tradições do Itamaraty, mas ainda a um dos próprios companheiros com os quais partilhei a responsabilidade pela direção dos serviços da Casa. A escolha de Vossa Excelência, Senhor Ministro de Estado, constitui assim um seguro e auspicioso penhor da manutenção dessa continuidade administrativa tão preciosa para o bom funcionamento das instituições de Governo, e particularmente preciosa neste Ministério, cuja ação depende em grande parte de um acervo não escrito de normas e de conhecimentos, e de uma experiência longamente sedimentada na prática diuturna das questões de Estado.

Graças à clarividência do ilustre Chanceler Juracy Magalhães, que soube discernir que os poderes que delegava ao Secretário-Geral não eram subtraídos aos seus próprios, e sim se acrescentavam a eles, passo hoje às mãos de Vossa Excelência, Senhor Embaixador Corrêa da Costa, um cargo singularmente fortalecido em sua autoridade e crescido em seu prestígio. Entrego-lhe, outrossim, uma Casa em boa ordem, disciplinada e coesa, e no mais alto nível de eficiência compatível com as carências em pessoal e em recursos materiais que Vossa Excelência conhece tão bem quanto eu, e que, bem sei, se aplicará com o maior zelo a remediar naquilo em que eu mesmo não pude fazê-lo, e decerto com melhor êxito.

Não é sem saudade que me separo destas funções, que a princípio me angustiaram pela enorme soma de responsabilidades que elas encerram, soma essa que me parecia ultrapassar a minha capacidade e os meus conhecimentos; mas nas quais pouco a pouco me integrei com paixão, com intenso e vigilante amor, fascinado, conquistado, inteiramente absorvido por este cargo que é, como Vossa Excelência bem verá, terrível em suas exigências e magnificamente compensador em termos de satisfações profissionais; ponto culminante da profissão, único mirante de onde se descortina a um tempo todo o panorama da política exterior do país, e de onde se pode acompanhar o movimento de todo o vasto mecanismo que, neste Palácio e no mundo inteiro, serve a essa política.

Não apenas saudades levo deste cargo, mas também orgulho; o *orgulho* de haver, como Vossa Excelência, Senhor Embaixador Corrêa da Costa, feito parte de uma *equipe* administrativa que teve a ventura de escrever uma página inesquecível na história do Itamaraty. Juntos vivemos uma época de excepcional prestígio para o Brasil em suas relações exteriores, uma época de posições corajosas e firmes em defesa dos interesses do país, dos ideais em que cremos, dos princípios jurídicos e morais que norteiam nossa ação internacional. Iniciamos juntos uma nova era no tocante à promoção comercial no exterior, fundada agora em métodos racionais e buscando, não mais a mera presença ornamental nas feiras internacionais, e sim a conquista metódica dos mercados. Fomos pioneiros na política de carrear sistematicamente para o Brasil os recursos científicos de que necessitamos para estimular o nosso progresso tecnológico e portanto acelerar o nosso desenvolvimento econômico-científico, orientando decididamente para o campo da ciência e da tecnologia a nossa política de captação de recursos culturais no exterior e de aperfeiçoamento de profissionais brasileiros. Cobrimos o mundo de uma rede de acordos tendentes a eliminar a bitributação, e a estimular assim o fluxo de investimentos estrangeiros para o Brasil. Seguindo uma trilha cuja primeira estaca fora batida pela Administração anterior, conseguimos institucionalizar a articulação entre as Missões diplomáticas em cada área geográfica, adotando o princípio das reuniões regionais periódicas com a experiência vitoriosa das duas reuniões, respectivamente, a de Roma, respectivamente para a Europa Ocidental e para o Oriente Médio, e da reunião de Manaus para os países da Bacia Amazônica. A reunião de Manaus prendeu-se, outrossim, à responsabilidade que aceitamos pela vivificação econômica da faixa de fronteiras, dentro do quadro dos projetos "Itamaraty-I" e "Itamaraty-II", que representam essa "Nova Política de Fronteiras" hoje inseparável das metas do Governo revolucionário. Em nosso tempo, enfim, a Casa pôde fazer livremente, por seus próprios critérios, a seleção de seus valores, sem pressões nem ingerências externas de qualquer espécie.

Orgulho também levo, tendo gerido interinamente por seis vezes a pasta das Relações Exteriores, de haver colaborado assim diretamente, ainda que de forma acidental e transitória, com esse forte, patriótico e probo Governo do Marechal Humberto Castelo Branco, emanação legítima da Revolução salvadora de 31 de março de 1964, da qual Vossa Excelência, Senhor Ministro de Estado, teve a honra e a glória de ser dos primeiros arautos.

Comigo levo, enfim, gratidão e admiração por esta Casa que tão magnificamente correspondeu ao esforço que lhe pedi; que aceitou maiores sacrifícios, cumpriu missões mais árduas, cingiu-se a uma disciplina mais severa, respondendo airosamente, com voluntário e consciente ímpeto, com visível alegria, com irrepreensível fidelidade, aos apelos que lhe foram feitos. Desde os Chefes da Casa que me cercavam até a ardente vanguarda juvenil da Carreira, de todos recebi a mais leal colaboração, que agradeço emocionado: e não posso desejar ao meu sucessor maior ventura, do que a de encontrar por sua vez apoio igual ao que me foi dispensado. A todos o meu "muito obrigado"; tanto aos Colegas da Carreira, como aos servidores de todas as categorias, dos quais procurei não descurar e que tão generosamente me pagaram em afeto e confiança o pouco que por eles pude fazer.

Senhor Embaixador Corrêa da Costa; minha Missão está finda. Começa agora a de Vossa Excelência, a quem desejo, de todo coração, o maior êxito em suas novas funções, para o seu bem e para o da Casa; e, para exprimir os meus votos, e o meu comovido agradecimento pelas muitas gentilezas com que me cumulou, não sei achar fórmula mais adequada do que aquela com que os nossos longínquos antecessores fechavam a sua correspondência: "<u>Deus guarde a Vossa Excelência</u>".

20/3/67

PARÂMETROS DA POLÍTICA EXTERIOR DO BRASIL
(Conferência pronunciada na Escola Superior de Guerra)

"A Política de um Estado", disse Napoleão Bonaparte, "é a sua geografia." Na concisão dessa fórmula, encontramos a premissa básica de toda a Política Exterior: a dominância das condições decorrentes da situação geográfica do país na identificação e na defesa dos seus objetivos nacionais. Poderíamos acrescentar-lhe um corolário: "a sua História". Com efeito, um país não vive isolado no tempo e no espaço: ele situa-se fisicamente em uma parte determinada da superfície terrestre, e se insere, como nação, em uma seqüência concatenada de fatos históricos, cadeia ininterrupta de causas e efeitos, efeitos esses que se transformam por sua vez em causas de novos efeitos. Pretender traçar a Política Externa de um país sem a estrita observância das duas séries de coordenadas, as históricas e as geográficas, é correr ao encontro dos mais desastrosos fracassos, e fatalmente ferir os interesses nacionais. Foi o que se viu no Brasil nos anos de 1961 a 1964, quando estadistas bisonhos, motivados por considerações ideológicas ou pseudo-ideológicas primárias, pretenderam divorciar-se de objetividade dos fatos, e correr ao arrepio da experiência secular, da doutrina diplomática, e do próprio bom senso, precipitando o País em uma aventura que não foi menos catastrófica no plano externo do que no domínio interno.

Vejamos, pois, no que resulta a fórmula de Napoleão aplicada ao Brasil.

Avançando profundamente Oceano adentro pelo seu saliente Nordestino, que comanda a angostura do Atlântico Sul, e estendendo-se para o coração do Continente até quase tocar a moldura da Cordilheira Andina, a Natureza lhe traça o duplo destino de Potência Continental e de Potência Marítima, fronteira comum com 10 países, profunda inter-relação de interesses com outros, extensas linhas de comunicação marítima, a inversão exata de posições no tocante respectivamente à Bacia Amazônica e à Bacia do Prata (na primeira das quais comandamos o acesso ao mar enquanto que na segunda somos ribeirinhos de montante), e presença enfim no Continente de uma Potência de vasta capacidade polarisadora no plano mundial, todos esses são os fatores que pautam irrecusavelmente o planejamento político externo do Estado brasileiro, na consecução dos Objetivos Permanentes da Política Exterior do Brasil.

Os alicerces da Política Exterior de qualquer país encontram-se em suas relações com os Estados fronteiriços. A Fronteira une ou separa os Estados, atrai ou opõe, conforme a evolução da História e da conjuntura política ela pode até avançar ou recuar; mas é um fato permanente, uma interface constante, uma linha de contato ou de atrito irrecusável para todo o sempre. Contorno tangível da Pátria, epiderme sensível da Nação, a fronteira é o primeiro determinante das alianças como dos antagonismos, que aliás podem alternar no curso da História, mas sempre com importância preeminente no panorama diplomático da Nação. Assim a França e a Alemanha, a Grã-Bretanha e a França, ora inimigas, ora aliadas no curso dos séculos, mas sempre, na paz como na guerra, de vital importância umas para as outras em suas relações recíprocas: porque o Reno e o Canal da Mancha sempre estiveram onde estão, e sempre hão de estar.

No caso do Brasil, essa verdade elementar tendeu por muito tempo a ser obscurecida pelo fato de que a maior extensão de nossas fronteiras corria, e ainda hoje corre, por regiões ermas e remotas, onde as plantou a incrível audácia expansionista de nossos antepassados. As fronteiras do Norte e do Oeste, em grande parte ou desertas ou de fraca expressão econômica, separadas dos grandes centros demográficos do país por imensas distâncias mal servidas de vias de comunicação, tenderam a escapar ao interesse imediato da Nação em geral. Também para isso concorreu situação similar nos países vizinhos, e mais ainda o fato de alguns deles, como o Peru e a Bolívia, haverem voltado suas vistas de preferência para o Pacífico, quando a Geografia impele os seus destinos, pelas suaves, férteis e bem irrigadas vertentes orientais, para a comunidade Atlântica e Platina, antes que para os abruptos e áridos contrafortes ocidentais dos Andes ou para as desoladas *punas* da Cordilheira. Assim, tendemos a viver de costas voltadas uns para os outros, debruçados sobre os horizontes marinhos respectivos do Atlântico e do Pacífico.

Nunca se iludiram com isso, porém, a Chancelaria portuguesa nem a brasileira. O ciumento zelo da Coroa de Portugal pelas mais inóspitas fronteiras está documentado ainda hoje pelas magníficas fortificações *à la Vauban* de Macapá, de Coimbra, do Príncipe da Beira. A diplomacia imperial nunca descurou um instante de assentar em bases jurídicas inabaláveis um claro traçado de nossas fronteiras, nem de manter com nossos vizinhos um diálogo constante em resguardo de nossos interesses. O Barão do Rio Branco, cuja figura se agiganta diariamente com o recuo da História à medida que a perspectiva deixa perceber com mais nitidez o seu perfil sobre o pano de fundo de sua época, teve toda a sua vida a sua melhor atenção voltada para os problemas da política com os Estados limítrofes, e, se pôde levar a uma conclusão vitoriosa as últimas questões de limites, foi porque estava profundamente impregnado da sensibilidade tradicional de nossa Chancelaria sobre a matéria e conhecia a fundo os antecedentes históricos relevantes. Ao assinar o Tratado de Petrópolis, que ao abrir para a Bolívia o acesso ao Amazonas pela Estrada de Ferro Madeira-Mamoré fazia do Brasil o escoadouro dos produtos do Oriente boliviano e abria-nos as portas deste último, o Barão do Rio Branco seguia rigorosamente a orientação de seus grandes predecessores como o Barão de Cotegipe, o Marquês de São Vicente e seu próprio e ilustre Pai, o Visconde do Rio Branco, que todos haviam apontado o caminho do Mamoré e do Madeira como de vital importância para o relacionamento com a Bolívia, através de suas mais ricas áreas, os vales do Beni e do Madre de Dios. A seguir, o fecundo diálogo diplomático do Brasil com a Bolívia voltou-se logicamente do Departamento do Beni para o de Santa-Cruz de la Sierra, de onde nasceu o projeto da ferrovia que o liga a Corumbá e já se apresta a prosseguir até Cochabamba.

Se, no passado, foi de tal importância o nosso relacionamento com os Estados vizinhos, muito mais o é no presente e o será no futuro imediato. Por um lado, com efeito, rapidamente desaparece a cômoda cortina de quase inacessibilidade de certos trechos da fronteira, que podia permitir aos menos avisados fechar os olhos quanto à sua importância. As "Rodovias Multinacionais", cuja construção tive a honra de preconizar em 1964 nos dois "Planos Itamaraty", I e II, dirigem-se velozmente para as fronteiras e bem cedo nossa rede de transportes terrestres estará ligada a Caracas, a Lima e a La Paz, como já o está a Assunção, a Buenos Aires e a Montevideu. Na Fronteira Sul as "Multinacionais" indicadas no Plano "Itamaraty-I" atingem a fronteira em múltiplos pontos: Chuí, Jaguarão, Livramento, Bagé, Quaraí, Uruguaiana, São Borja, Itaqui e os passos do Alto Uruguai. Intenso é o trânsito de pessoas e mercadorias pela Foz do Iguaçu. Enfim, fator a não esquecer, acentua-se em nossos dias a ressonância externa das tensões ou perturbações políticas nos países vizinhos, outrora neutralizadas para nós pela espessa camada isolante dos antigos vácuos intermediários ao longo da faixa de fronteiras, cuja súbita permeabilidade e transparência acusa contrastes e gera confrontos. O Brasil, por seu lado, em sua tranqüila e triunfante singradura, vai levantando inevitavelmente atrás de si uma esteira inconsistente mas turbulenta de suspicácias e ciúmes, que podem despertar os ecos de antigas rivalidades, os fantasmas de passados temores. Importantes diferenças ideológicas, concepções diversas de filosofia do Estado, divergências de doutrina econômica, podem facilmente polarizar e exacerbar animosidades, comprometer a harmonia das relações políticas, e criar, sobre o nosso flanco, situações indesejáveis. Nossa vigilante e prudente diplomacia não pode esquecer por um instante a facilidade com que tendem a cristalizar-se, em torno de nós, ao redor dos 180 graus do semicírculo em que se insere o Brasil no Continente, afinidades formadas de tudo o que nos exclui, de tudo o que é comum a todos os demais e que os diferencia de nós: o idioma, as raízes históricas, a emulação atávica herdada dos ancestrais, a que podem acrescentar-se a qualquer instante os mais modernos fermentos políticos das mais remotas origens, como já se tem visto acontecer.

A tudo isso a Política Exterior do Brasil tem que velar, prever, prover, dissipando desconfianças, desarmando ressentimentos, aplainando caminhos, criando diariamente condições de diálogo, de harmonia e colaboração, agindo com firmeza quando preciso, com serenidade sempre, sempre voluntariamente prisioneira dos princípios do Direito Internacional e do respeito às boas normas do convívio entre Nações; evitando ou dissipando toda veleidade de *"encerclement diplomatique"*, cultivando amizades, "cobrindo os flancos", enfim.

Independentemente da conduta das relações com os nossos vizinhos, apresentam-se para a nossa Política Exterior, no Continente Americano, múltiplos problemas, tanto na ordem bilateral como na multilateral.

Na América do Sul, dois países não divisam conosco: o Equador e o Chile. O primeiro, historicamente preocupado com as questões de limites com o Peru, determinado a não perder o acesso ao Amazonas que só a amizade do Brasil lhe pode abrir, rico repentinamente nas insuspeitadas jazidas de petróleo de que é faminta a nossa economia, passa a constituir uma peça considerável no tabuleiro de xadrez sul-americano. O Chile insere-se no contexto de uma concepção de Lauro Müller, a política do "A.B.C." — Argentina, Brasil, Chile. Percebeu, com efeito, o sucessor imediato de Rio Branco o papel capital que poderiam desempenhar os Estados do "Triângulo Austral" do Continente (com a implícita participação do Uruguai). Países de grau de cultura e desenvolvimento bastante similar entre si, já agora dispondo de facilidades razoáveis de interligação terrestre e marítima, eles oferecem excelentes condições para uma proveitosa colaboração econômica, e, no seu estado atual, para a criação, até, de um mercado sub-regional homogêneo e em escalas rentáveis. Vale a pena notar que as regiões de maior densidade demográfica, e de maior poder aquisitivo, dos países em questão e de toda a América Latina são contíguas entre si, e formam, com o Centro-Sul do Brasil, o Uruguai, a parte central da Argentina entre as latitudes respectivas de Córdoba e de Bahia Blanca, e o Chile, uma faixa contínua de alguns 70 milhões de excelentes consumidores, base adequada para uma fortíssima complementação industrial, válida também para a totalidade da população dos quatro países. Além do que, um simples olhar à carta das Américas revela a importância geopolítica do Chile para a diplomacia brasileira.

Se, agora, nos voltarmos para o Hemisfério Norte, e para o conjunto do Continente, óbvia é a importância para nós, como para o mundo inteiro, do relacionamento com os Estados Unidos da América do Norte. Esse relacionamento tem uma longa história, desde a Independência, que o Governo de Washington foi o primeiro, e por certo tempo o único, a reconhecer. Ainda em 1824 o único Chefe de Missão formalmente acreditado junto ao Governo Imperial, e não junto à Casa de Bragança por motivos puramente dinásticos, era o representante dos Estados Unidos. Durante todo o período da Monarquia, no entanto, ambos os países estiveram absortos em problemas próprios, o Brasil com as questões do Prata e a crise do Paraguai, os Estados Unidos com a ocupação do território até o Pacífico e a Guerra de Secessão, que por sinal trouxe abalos às relações bilaterais, dada a difícil situação do Brasil, país escravagista, frente a um conflito nascido justamente de questão da escravatura. Como é sabido, o Governo Imperial tentou manter uma difícil neutralidade, havendo reconhecido o estado de beligerância dos Confederados, o que, obviamente, não lhe conciliou grandes simpatias de parte do Governo de Washington, apesar do nobre e angustiado apelo pessoal de D. Pedro II aos contendores, em favor de uma "Paz sem Vitórias" — cujos termos foram "parafraseados", quase que *ipsis verbis*, meio século mais tarde, na Proclamação do Presidente Wilson aos beligerantes europeus.

Por outra parte, durante todo o período citado a política continental dos Estados Unidos da América foi de ordem grandemente unilateral, fundada nas bases de Doutrina dita de Monroe, e prejudicada aos olhos dos demais países americanos pela guerra de conquista em que anexou parte do território mexicano. Só no último ano do Império, em 1889, ocorreu aos Estados Unidos convocar os demais Países americanos para a discussão de problemas comuns. foi a 1ª Conferência Pan-americana de Washington, na qual imediatamente se fez sentir o valor da presença do Brasil, cuja delegação, chefiada após a proclamação da República por Salvador de Mendonça e Amaral Valente, manobrou com brilhante habilidade "por linhas interiores", segundo outro preceito napoleônico, entre as demais Delegações, das quais a norte-americana era chefiada pelo Secretário de Estado Blaines, a Argentina por Roque Saenz Peña e Manuel Quintana, e a peruana por Velarde, para fazer proclamar dois importantes princípios: o do arbitramento obrigatório dos conflitos e o da renuncia às conquistas territoriais. Dessa Conferência data a criação do Bureau Pan-americano, primeiro embrião do que é hoje a Organização dos Estados Americanos.

Foi, porém, na Terceira Conferência Pan-americana, no Rio de Janeiro, em 1906, que a posição do Brasil assumiu a feição decisiva que nunca mais perderia desde então, e que a Chancelaria brasileira passou a mobilizar o sistema Pan-americano como instrumento de nossa Política Exterior em termos globais. O gênio do segundo Rio Branco entendeu, com efeito, que naquele momento da História os Estados Unidos preparavam-se, sem o querer talvez, e mesmo sem o saber, a desempenhar em breve um papel primordial, partilhando com as Grandes Potências européias de então o poder decisório nos destinos do mundo; sabia ele a resistência que essas mesmas Grandes Potências européias opunham, como se viu nessa época em Haia, ao acesso dos países da América Latina à igualdade jurídica com elas; sentiu que só como membros de uma grande Entidade Internacional, da qual fossem membros também os Estados Unidos, poderíamos romper as barreiras que as velhas Nações européias, ainda cristalizadas no mundo compassado e exclusivista do Congresso de Viena, opunham às nossas jovens Soberanias. Bem se viu, aliás, na Conferência de Versalhes e na extinta Liga das Nações, a tenacidade desse espírito oligárquico. O Barão, embora homem de formação pessoal e profissional acentuadamene européia, dedicou portanto a sua alta capacidade a alicerçar as bases desse convívio com os Estados Unidos da América que perdura até hoje, fundado no respeito mútuo, na franqueza, até nas ocasionais divergências, e cuja cordial intimidade jamais tolheu no mais mínimo a liberdade de manobra do Brasil no plano mundial, mas representou e representa uma constante de nossa política exterior.

Nos anos subseqüentes, a causa do Pan-americanismo continuou, porém, a ser prejudicada em seu progresso por acentuados traços agressivos na política exterior norte-americana. A guerra com a Espanha, redundando na anexação virtual das Filipinas, na anexação explícita de Porto Rico, e no protetorado virtual sobre Cuba, já havia, anteriormente à III[a] Conferência Pan-americana, estabelecido um clima de certo mal-estar; posteriormente a ela, a política chamada do "Big Stick", de intervencionismo aberto na América Central, gerou escassas simpatias nos países hispano-americanos. O Brasil, sem interesses na área do Caribe, alheio e indiferente aos problemas da Espanha, procedeu à construção das bases para o diálogo permanente com Washington, que por seu lado ajudou-o a abrir os caminhos para o acesso ao primeiro plano do cenário internacional. Em um tempo, ainda não tão remoto, em que as grandes Potências só admitiam representações diplomáticas de países latino-americanos na categoria de Legação, foi em *Washington* que o Brasil pôde acreditar o seu primeiro Embaixador, que foi o grande Joaquim Nabuco. O laudo arbitral do Presidente Cleveland, dando ganho de causa ao Brasil na questão das Missões, não fez decerto mais do que consagrar direito nosso, mas certamente também foi facilitado pelo clima criado pelo Itamaraty nas relações entre os dois países.

A entrada do Brasil na Primeira Guerra Mundial, ao lado da Tríplice Entente, coincidiu com a dos Estados Unidos e projetou o nosso país, na condição de beligerante e Aliado das Potências vencedoras, em lugar de destaque no cenário mundial, trocando Embaixadas com a Grã-Bretanha e a França, e recebendo pela primeira vez a visita de um Chefe de Estado europeu, na pessoa do Rei Alberto da Bélgica. Os Estados Unidos apoiaram lealmente nossas pretensões na Conferência de Versalhes, e a nossa candidatura ao Conselho da Liga das Nações.

Foi preciso esperar, no entanto, a VIIª Conferência Pan-americana, realizada em Montevideu em 1933, para que o Pan-americanismo adquirisse uma expressão dinâmica e efetiva, graças à sinceridade e poder de convicção do Secretário de Estado Cordell Hull, representando a "Política de Boa Vizinhança" instaurada e fielmente mantida pelo Presidente Franklin Roosevelt. Graças, também, a Afranio de Mello Franco, que há dez anos vinha com finura e fidalguia dirigindo os contatos no âmbito de Pan-americanismo. Mello Franco viveu bastante para chefiar mais uma vez a Delegação brasileira, na VIIIª Conferência, em Lima, em 1938; e o seu desaparecimento coincidiria com o acesso no comando da Casa de Rio Branco de um extraordinário estadista, Oswaldo Aranha, que, já como Embaixador em Washington, já como Ministro do Exterior, revelou-se como o homem exatamente indicado para o diálogo com Roosevelt, do qual o aproximavam múltiplas características partilhadas: o magnetismo pessoal de caudilho, as apaixonadas convicções liberais, cedo as indisfarçadas simpatias pela causa das Democracias européias contra o nazi-fascismo. A participação de ambos os países na Segunda Guerra Mundial foi o resultado de uma opção consciente, de um deliberado despertar de consciências nacionais para um sacrifício livremente aceito com todas as suas conseqüências, com todos os seus riscos, por uma causa nobre, transcendendo os próprios e sagrados brios nacionais para esposar a querela de princípios de significação irrecusável para a Civilização. Ao calor das batalhas, na fraternidade das fileiras do Vº Exército Aliado, da XXIIª Força Aérea, das missões navais partilhadas com a VIIª Esquadra norte-americana, a amizade brasileiro-norte-americana adquiriu uma nova profundidade, um significado mais concreto, até hoje subjacente às relações entre os dois países.

Mesmo, porém, para aqueles países americanos cuja beligerância permaneceu no plano teórico e jurídico, o período da Segunda Guerra Mundial acarretou um singular estímulo ao fortalecimento dos laços continentais e despertou, com surpreendente rapidez e veemência, um inegável sentimento de solidariedade, fazendo subitamente da União Pan-americana, até então foro de debates, um instrumento de ação. As Reuniões de Consulta dos Chanceleres Americanos realizadas em Panamá, em Havana e no Rio de Janeiro tomaram com rapidez medidas eficazes para proteger a segurança do Hemisfério, inclusive contra as infiltrações ideológicas nazistas. Um Comitê de Emergência para a Defesa Política do Continente elaborou e coordenou as medidas para combater a ação do inimigo nos campos da espionagem, da sabotagem e da guerra psicológica: nesse órgão tive a honra de ser primeiro o Assessor, depois o Substituto do titular brasileiro, General Pedro Aurelio de Góis Monteiro. Logo após o conflito mundial, o Tratado do Rio de Janeiro, em 1947, criava o aparelhamento de segurança coletiva e de defesa mútua das Repúblicas Americanas, no momento em que o início da chamada "Guerra Fria", destruindo as ilusões que haviam sido alimentadas por Roosevelt, tornava evidente que a União Soviética, aliada das Democracias Ocidentais durante a II^a Guerra Mundial, candidatava-se a substituir vantajosamente a Alemanha no papel de inimiga mortal dessas mesmas Democracias.

A primeira agressão comunista do pós-guerra ao Hemisfério Ocidental não se fez esperar muito: foi a tentativa de estabelecimento de uma cabeça-de-ponte na Guatemala. Fracassado esse intento, vários anos de cuidadosa preparação psicológica e de sistemática infiltração precederam o golpe de mão vitorioso que fez de Cuba uma base soviética encravada no Continente americano, concebida para o papel de Cavalo de Tróia no interior da fortaleza democrática das Américas. A despeito de fracassos táticos, o plano surtiu êxito estratégico ao introduzir profunda cunha na unidade continental, prejudicando gravemente a atuação de Organização dos Estados Americanos, mantendo entre esses Estados crônicas divergências, e criando múltiplos focos de subversão e agitação, que levaram a luta ideológica à frente interna dos países americanos. Sem haver jamais conseguido pôr diretamente em perigo a segurança do Continente, a Cuba de Castro converteu-se em uma pequena chaga supurante aberta no flanco da América, insuficiente, sem dúvida, para ameaçar a vida desse vasto corpo, mas fonte sempre potencial de inflamações locais.

Nessa altura, o Itamaraty manobrou por duas formas para tentar resguardar a harmonia essencial dos países do Continente. Primeiro, no sentido de expelir da Organização dos Estados Americanos o corpo estranho em que as havia conver-tido Cuba. Segundo, no sentido de desviar o debate continental do terreno político, que a explosão de Cuba havia semeado de incômodos estilhaços, para o terreno mais fértil da cooperação econômica, com vistas a criar, através da união de mercados, bases mais amplas e mais sólidas para a estrutura econômica das Nações latino-americanas.

Abrem-se no Continente, em nossos dias, amplos e fecundos campos à cooperação econômica e técnica entre as Nações. Por exemplo, a exploração e valorização dos recursos das duas grandes Bacias, a Platina e a Amazônica, constituem por si sós um desafio, não apenas para a nossa geração, mas para muitas gerações a vir. A cooperação internacional nessas tarefas acelerará e multiplicará os seus efeitos, com proveito geral, fortalecendo ao mesmo tempo o congraçamento e a harmonia entre os países interessados. Essa cooperação internacional, bem compreendida, abrange e deve abranger uma infinidade de aspectos: desde o combate às endemias, às epizootias, às pragas das lavouras, até os estudos de meteorologia, hidrologia, química e microbiologia dos solos, e muitos outros domínios da Ciência. No caso de regiões naturais cortadas por fronteiras políticas, a coordenação de esforços impõe-se pela própria natureza das coisas; seria obviamente improfícuo combater, por exemplo, a febre aftosa de um lado da fronteira, se ela pode grassar livremente do outro lado. Da mesma forma, os gafanhotos que se criam no coração do Chaco Boreal não costumam deter-se nas fronteiras para controle de passaporte... Tão óbvia conveniência da articulação de esforços não dispensa, no entanto, um adequado arsenal de instrumentos internacionais, que cabe planejar e negociar no quadro da Política Exterior do país, visando, não só o bem-estar das populações, mas o fortalecimento de vínculos com terceiros países. A experiência ensina que a convergência dos interesses materiais de dois povos é a mais sólida base para a manutenção de boas relações políticas entre eles. Esta verdade axiomática aplica-se, naturalmente, ao intercâmbio comercial e às relações econômicas de toda sorte, quando mutuamente vantajosas. O desenvolvimento dos recursos das duas grandes Bacias fluviais sul-americanas, esteado em acordos e relações internacionais promotores das pesquisas e planejamento adequados, pode vir a constituir preciosa e sólida base para a política sul-americana do Brasil, tanto mais quanto os "corredores de exportação" de ambas as áreas atravessam o território brasileiro. Isso é verdade não só da Bacia Amazônica, mas também da Bacia do Prata, cujas "Portas Oceânicas" acham-se desde já em Santos e em Paranaguá, e se abrirão cedo também no porto do Rio Grande, fadado a um papel não menos importante, para a área, do que os portos platinos, podendo receber navios de maior porte e calado.

Consideradas as condições continentais em que se inscreve a Política Exterior do Brasil, vejamos a sua outra premissa, que é a condição de ribeirinho do Atlântico.

As nossas extensas costas, a nossa dependência de linhas de comunicação marítima para o comércio interno e externo e para a segurança nacional, apontam ao Brasil o destino de Potência marítima. Duas vezes no curso deste século sentimos a vulnerabilidade de nossa economia sempre que não possamos proteger eficazmente nosso comércio marítimo; em outras palavras, sempre que nos for contestada a liberdade de navegação nas rotas do Atlântico. Isso é verdade desde o primeiro dia de nossa existência como Nação soberana: e o primeiro cuidado de D. Pedro I foi criar uma Esquadra.

A primeira demonstração ilustrativa de nossa Independência aos olhos da Europa foi o Pavilhão Nacional à carangueja da fragata *Niterói*, cruzando à vista do Tejo após a decisiva derrota inflingida por Lord Cochrane à força naval portuguesa que saíra da Bahia após o 2 de julho.

A Nação brasileira emergiu, poderíamos dizer, da espuma do Atlântico, que trouxe a estas plagas os nossos antepassados, vindos não só de Portugal, mas de outras terras ultramarinas. Inicialmente criado pela força de expansão de uma Potência então essencialmente marítima, o Brasil cresceu debruçado sobre o Atlântico e cada vez mais integrado na inter-relação econômica e cultural com o Mundo Atlântico, e exposto em conseqüência aos reflexos políticos dessa inter-relação, conducente a uma certa similitude de critérios éticos e de mentalidade que forma, com largas variações de detalhe mas inegável denominador comum de substância, o quadro geral da Civilização Ocidental no aspecto de sua filosofia política. Não foi por acaso que se denominou "Carta do Atlântico" o documento inicial da formidável Aliança que permitiu salvar essa mesma Civilização Ocidental da pior ameaça que já pesou sobre ela; nem por acaso que essa Aliança chamou-se de "Aliança Atlântica"; e não por acaso se chama Organização do Tratado do *Atlântico* Norte a estrutura militar que vela sobre a segurança do Ocidente. Nenhum aspecto estratégico do Oceano Atlântico pode nos ser indiferente, e muito menos as chaves de sua defesa na área de direto e vital interesse para nós, como o Cabo da Boa Esperança, as Ilhas de Cabo Verde e os Açores.

Através do Atlântico se estende a rota que conduz ao Velho Mundo a nossa política comercial, peça essencial do nosso desenvolvimento econômico. Na outra margem, no Hemisfério oposto, acha-se a formidável concentração industrial do Mercado Comum Europeu, rica de fartíssimos recursos científicos, tecnológicos, financeiros e humanos, que conseguiu criar, face ao vasto mercado norte-americano e de certa forma equilibrando-o, um impressionante campo de produção e de consumo, o acesso ao qual é para nós vital, quer para a diversificação e desenvolvimento de nossas exportações, quer para a obtenção de elementos para o processo de desenvolvimento, quer ainda para nossa participação na estruturação de mercados internacionais de bens ou de serviços. Refiro-me aqui tanto à elaboração de convênios de preços de mercadorias, como café, açúcar ou cacau, como à disciplina dos problemas de fretes, seguros, cobranças de tributos, movimento e custo de capitais, que constituem as importações e exportações ditas *invisíveis*, mas que por "invisíveis" não deixam de pesar fortemente sobre as balanças de pagamento e sobre as estruturas de preços.

15/10/73

POLÍTICA EXTERIOR
COMÉRCIO EXTERIOR
(Conferência na Associação Comercial do Estado de São Paulo)

I - A Política Externa é um dos instrumentos para a consecução dos Objetivos Nacionais (Permanentes) de qualquer país e para o fortalecimento do Poder Nacional.

Ela é portanto um desdobramento e uma parte integrante da Política Nacional em seu sentido global, com as conseqüentes e importantes interfaces com a Política Interna em todos os aspectos desta: político-filosófico, econômico, social e militar.

Segue-se daí que seria um erro encarar a Política Externa como algo de esotérico ou de exótico, um campo de exercícios retóricos para profissionais, sujeito a incursões ocasionais da demagogia interna. A Nação inteira é afetada pelos rumos da Política Externa, e não se pode dissociar nem desinteressar dela.

Cabe notar que a Política Interna, que é um domínio da volição própria desde que exista plena soberania interna e externa, onde o consenso buscado é o de uma só comunidade, admite um mais extenso leque de variáveis, de variações mesmo, oscilações até, digamos inclusive erros, do que a Política Externa. A Política Exterior, com efeito, é naturalmente sujeita a limitações de vários tipos, de vez que tem que levar em conta não apenas a vontade e objetivos próprios, mas também a vontade, os interesses, e o poder de terceiros países, que ela tratará de conciliar utilizando o próprio poder de persuasão, de barganha ou de influência. Além dessas resistências, ela conhece contingenciamentos inescapáveis, que limitam e balizam o seu campo de ação, sob a forma de configurações geopolíticas e geoeconômicas, ligadas à posição geográfica do país: sempre recordo a frase de Napoleão, segundo a qual "a Política dos Estados é a sua Geografia".

Desde a Independência, o Brasil sempre prosseguiu uma política notavelmente coerente, aliás no prolongamento lógico e no desdobramento gradativo da política da Coroa portuguesa nos séculos anteriores, a qual com tanta tenacidade, clarividência e coragem avançou e defendeu, pelo Continente adentro, posições que legou ao Império, e este à República.

O Império contou, para a consolidação da sua projeção e prestígio, bem como para a da afirmação de suas fronteiras geográficas, com grandes vantagens. A primeira foi o legado da riquíssima e minuciosa documentação jurídica da Coroa de Portugal sobre o Reino do Brasil e seus direitos em relação aos países lindeiros. Outra foi a coesão interna, também legada pela antiga Metrópole, e mantida pelo Império, enquanto que a América espanhola esfacelava-se em quase 20 novos Estados, desunidos entre si e internamente, e dilacerados por guerras intestinas, ao passo que o Brasil Imperial atravessava o século XIX na majestosa paz de uma ordem jurídica sólida e de instituições estáveis, permitindo à sua política exterior uma continuidade e uma credibilidade invejáveis. Outra vantagem de que gozou o Império, foi a notável plêiade de estadistas que asseguraram, quer na Presidência do Conselho, quer na Pasta das Relações Exteriores, a coesão e o êxito da Política Externa.

Essa política voltou-se sabiamente para a consolidação do patrimônio territorial herdado de Portugal, dando atenção preferencial às relações com as Repúblicas hispano-americanas lindeiras com o nosso território, velando pela preservação da linha de fronteiras, cultivando para esse fim a amizade com os países vizinhos, tecendo alianças, intervindo quando necessário pelas armas para a proteção dos interesses nacionais ameaçados ou em defesa de Governos amigos.

Assim se delineou o primeiro dos "Círculos Concêntricos" de nossa Política Exterior, magistralmente definidos pelo grande homem de Estado que foi o saudoso Presidente Castello Branco: o círculo das relações com os países limítrofes, que ainda e sempre deve constituir a primeira prioridade da nossa diplomacia. Sabiamente, o Império preferiu distanciar-se de teatros de ação política nos quais não tinha interesses imediatos, nem possibilidades de atuação profícua. Assim alheou-se discretamente à iniciativa boliviariana de um "Pan-americanismo" prematuro, imaturo, e no qual o Brasil não tinha qualquer perspectiva de desempenhar um papel relevante. Em relação ao Governo de Washington, a Chancelaria Imperial cedo sentiu a dificuldade de manter relações privilegiadas entre um país escravagista, como era o Brasil, e uma Nação entre a qual o Abolicionismo tornava-se rapidamente uma idéia-força de extrema veemência e fadada inevitavelmente à vitória. A Guerra de Secessão trouxe mesmo, como se sabe, atritos sérios entre os dois países, para desgosto do Imperador.

Quanto à Europa, o Governo Imperial teve também a sabedoria de não gastar esforços diplomáticos para afirmar posições de mero prestígio em um Continente ainda dominado pela mentalidade do Congresso de Viena, e desdenhoso de tudo que não fosse europeu.

Com a República, e na longa gestão do Barão do Rio Branco, o panorama continental modificou-se, no momento em que o Brasil apoiou, e mais do que isso, liderou junto com os Estados Unidos da América, a fundação da União Pan-americana e a política Pan-americanista. O espírito genial de Rio Branco sentiu, com razão, que o melhor vetor para que o Brasil pudesse um dia projetar-se com prestígio no cenário mundial, extravasando enfim da moldura continental, seria pela sua destacada participação em um sistema político que oferecesse ao mundo a imagem de uma união de 20 Estados, de poderio diverso mas unidos no princípio da igualdade e da solidariedade entre si, e com a participação, nesses termos igualitários, dos Estados Unidos da América, que Rio Branco, pondo de lado como bom profissional que era suas idiossincrasias pessoais, sentia fadados a emergir prontamente como uma força decisiva na política mundial.

Com a fundação do sistema Pan-americano, o Brasil pôde alargar o seu campo de ação diplomática de modo a abranger todo o Continente americano, atingindo assim a dimensão do "segundo círculo concêntrico" do Presidente Castello Branco. Graças a isso mesmo, pode projetar-se além do Oceano, fazendo-se ouvir, pela primeira vez na História, nos comícios internacionais de caráter mundial.

Nas Conferências de Haia, onde, pela primeira vez desde o Congresso de Viena um século antes, procurava-se estruturar a Sociedade Internacional e as relações das Potências entre si, o Brasil esteve presente com dignidade, e até com certo destaque, com a delegação chefiada por Ruy Barbosa. Vindo a ocorrer a Primeira Guerra Mundial, o Brasil colocou-se, coerentemente com as teses que sustentara em Haia, na posição de defensor dos princípios do Direito Internacional, da solução jurídica e pacífica dos conflitos internacionais, do respeito à soberania dos Estados e da não-intervenção nos seus assuntos internos: esses princípios continuaram até hoje a nortear a política externa do Brasil. A violação da neutralidade da Bélgica pela Alemanha, e o desenrolar do conflito, levaram logicamente o Brasil à posição de beligerante, ao lado das grandes Democracias ocidentais. O Brasil foi o único país da América Latina afirmar a coragem de suas convicções, não apenas por uma simples declaração formal de guerra, mas por uma contribuição militar, à causa aliada, sob a forma de uma Divisão Naval operando no espaço Natal — Dakar, na defesa do Atlântico Sul.

Assim acedeu o Brasil ao terceiro dos "círculos concêntricos" de sua Política Exterior: o espaço político do Mundo Atlântico, obedecendo ao seu destino e vocação dentro da sua situação geográfica, da posição jurídica, e dos ideais e convicções claramente dominantes no espírito e pendor nacional, desde os albores liberais da Independência até os dias de hoje. Nessa qualidade e dentro desse posicionamento político e ideológico que forma o arcabouço válido de sua tradição diplomática, o Brasil participou da Conferência de Paz de Versalhes, e da redação do Tratado, que levou as assinaturas de Epitácio Pessoa, Raul Fernandes e Rodrigo Octávio.

No período entre as duas Guerras, o Brasil continuou essa Política sempre fundada na defesa das normas do Direito Internacional e da ética nas relações internacionais. Ela levou-o, na Segunda Guerra Mundial, e apesar de correntes divergentes no âmbito interno, a tomar posição mais uma vez ao lado das Democracias ocidentais. O Brasil tornou-se o primeiro país da América Latina a enviar tropas para combater em um Teatro de Operações europeu. A FEB, porém, e sua consorte aérea representando a FAB, tiveram um papel político de vasto alcance, transcendendo largamente a sua própria e brilhante ação militar. Com elas, o Brasil passou a ocupar um importante espaço político no "Círculo Atlântico", e credenciou-se definitivamente como uma Potência capaz de assumir responsabilidades relevantes no plano mundial.

13/3/84

O BRASIL NA AMÉRICA LATINA - I
(Discurso pronunciado no "Dia das Américas")

Será preciso aguardar a conquista e a colonização de outro Planeta, para que se produza um fato de tão transcendental importância para a Humanidade como o foi a descoberta da América. A Terra não conhecerá mais igual ventura, nem poderá outra vez aumentar na mesma escala a sua superfície habitada.

Ainda mesmo, porém, que o Homem venha a tomar pé em outros corpos celestes, séculos decerto transcorrerão antes que novas Raças, como as nossas, possam vicejar ali a partir do tronco ancestral. A aventura de Colombo e de Cabral foi a gesta máxima da espécie humana, ainda que a audácia individual dos pioneiros do espaço possa disputar-lhes a palma da ousadia, ao pisar na Lua, que não nos é mais estranha do que a eles eram as terras misteriosas onde plantaram os seus pendões. Hemisfério oculto, tão inesperado quanto para nós a face invisível da Lua, hostil e secreto, esse Novo Mundo bem cedo havia de se tornar terra de refúgio e Terra de Promissão, pátria de novas Nações livres e felizes, às quais, dentro das incertezas da condição humana, seriam poupados muitos dos horrores e das misérias que os séculos seguintes deviam trazer ao Velho Mundo.

Certo é que em nenhuma outra parte da Terra tanto vicejou a fraternidade dos Povos, como nesta feliz América. Se guerras tivemos, elas nunca deixaram atrás de si esses ódios inexpiáveis que no Velho Mundo transmitiram a gerações sucessivas o facho do furor e da vingança; e, de há um século para cá, vem cessando nossas últimas contendas, gradualmente resolvidas à luz do Direito, dentro do menos imperfeito arcabouço jurídico já edificado pelos homens para sua harmoniosa convivência.

Não é sem orgulho que nós, os homens de raças ibéricas, recordamos a primazia que nos coube na descoberta deste novo Mundo, que o instinto marinheiro dos vikings havia vislumbrado, mas que ao gênio latino coube reconhecer em suas verdadeiras dimensões e oferecer à Humanidade civilizada. Latino foi o gênio que inspirou, de Sagres ou de Palos, a longínqua conquista oceânica; latina foi a técnica que a serviu, nessas velas latinas que permitam orçar mais do que o pano redondo, ir buscar longe dos oblíquos alíseos. "Escolas de fugir", chamou Vieira às ligeiras caravelas, por velozes e mal artilhadas; escolas de varar mundos, melhor as chamaria, que com tal fôlego não devorariam as bojudas naus os longos meridianos, nem ganhariam para Oeste tanto barlavento.

Ao orgulho do Descobrimento alia-se para nós o prodígio, que nunca há de cessar de nos maravilhar, da pasmosa permanência e intangibilidade da herança ibérica desde o Trópico de Câncer até o Pólo Sul, dessa presença lusitana e hispânica inalteravelmente fiel às longínquas origens.

Antes mesmo que o Continente americano houvesse surgido para a História, emergindo das brumas do Oceano Ignoto, já a geografia heráldica de Tordesilhas havia partido em pala o imenso escudo cuja forma tão bem evoca a América do Sul: à destra o ouro e goles de Castela, à sinistra as quinas de Portugal.

Tantos séculos passados, a formação de nossos povos, em toda a América Latina, ainda continua atestando essa predestinação e fiel à mesma vocação atávica, que nem as correntes da História, nem as migrações humanas, puderam modificar em sua essência. Os países que formam, com o Brasil, o triângulo austral do Continente, receberam nos últimos cem anos importantes correntes de imigração oriundas de regiões alheias à Península Ibérica; em outros países americanos, os valores ibéricos viram-se em presença de vastas massas autóctones, que continuaram a constituir elemento preponderante na formação étnica das novas comunidades nacionais de cultura latina. Tanto em um como em outro caso, porém, nunca foi duvidoso o resultado do caldeamento: as Nações da América Latina, com a exceção insular do Haiti, nasceram marcadas para sempre do cunho ibérico, são ibéricas pela língua pelos costumes, pela mentalidade, pela religião.

Pela religião também; e esse é o fator comum, que por sobre as diferenças de idioma e de filiação histórica une em uma fé por todos partilhada a luso-americanos e a hispano-americanos. As toscas cruzes plantadas na terra bárbara, nos primeiros anos da Conquista, criaram raízes eternas; o mundo latino-americano é, e para sempre, um mundo cristão e católico, para sempre marcado pela graça lustral do primeiro batismo, para sempre deslumbrado pela magia da Fé, onde as gerações sucessivas são embaladas pelas mesmas crenças, e, passadas as tormentas e rebeliões ocasionais, sempre regressam ao aprisco da mesma Igreja e adormecem na mesma paz. Nossas cidades, nossas Províncias nascem e vivem sob a invocação dos seus Santos familiares, e todos os Santos do calendário acham-se presentes na Carta da América, reunindo as populações em torno aos campanários de seus templos. São Paulo, Santa Catarina, o Espírito Santo, o grande Santiago, São Sebastião, São José, São Luiz, Todos os Santos, todas as coortes celestes, formam a toponimia de nossas terras, protegem as nossas gentes com uma fidelidade que nenhum ceticismo pode abalar; porque sobre todas as cabeças, submissas ou rebeldes, está o mesmo Céu, e esse Céu é um Céu latino e ibérico, povoado de anjos, deslumbrado de milagres, fulgurante de sagrados mistérios, docemente iluminado de lindas crenças, para o qual sobem sempre os perfumes do incenso, a música dos sinos, as ingênuas preces. Desse catolicismo atávico e instintivo somos todos solidários, os místicos e os céticos, os santos e os pecadores; porque ele está na massa do nosso sangue, e esse sangue vem de terras fidelíssimas ou de terras mui católicas, com tanta força, que o nosso pensamento é sempre um pensamento católico, e essa comum concepção da solidariedade humana é o contexto dos conceitos sociais e da filosofia do Estado que, com simples variações de forma, todos aceitamos.

Essa homogeneidade religiosa, que tão facilmente se impôs a idolatrias milenares, que tão facilmente evitou através dos séculos qualquer fissura, não nos pode surpreender, já que a Graça tudo pode; milagrosa, porém, se nos afigura a igual homogeneidade de cultura, que, dentro do dualismo lingüístico presente desde as origens, sem esforço assimilou todas as correntes culturais alienígenas, embora representadas por fortíssimas parcelas de cada uma de nossas Nações, embora muitas delas oriundas de Nações mais desenvolvidas do que as nossas próprias Metrópoles respectivas. Talvez a razão desse milagre se encontre na perfeita tolerância, na fraternal hospitalidade com que temos acolhido todos os que têm vindo buscar uma Pátria em nossas terras. Nenhuma resistência ou suspicácia nossa força os recém-vindos a uma coesão defensiva; aceitos como patrícios e irmãos, assim se tornam com efeito, e assim temos visto as importantes contribuições étnicas de origem germânica, italiana, escandinava, helvética, nipônica ou árabe fundirem-se rapidamente no corpo de cada uma das nossas Nações, e, ao fundirem-se, adotarem a língua e os costumes dos nossos antepassados ibéricos, cuja memória e cuja obra hoje aqui recordamos, proclamando o nosso orgulho de entroncar em sua estirpe e de guardar a sua herança.

Outra herança, aliás, partilhamos ainda: a de uma idêntica tradição jurídica, durante séculos fundada em Ordenações e Costumes similares esclarecidos uniformemente pelo Direito Romano, cuja límpida corrente passou, disciplinada e fortalecida, à era da codificação moderna, sem que essa profunda revolução jurídica afetasse o traçado geral do vasto divisor de águas entre os países de Direito Romano e os de Direito saxônico, cuja linha se prolonga do Velho ao Novo Mundo.

Do outro lado, porém, desse divisor de águas, o que se estende não são terras estranhas nem hostis; não é outra América senão outra face da mesma América, deste Hemisfério que é uno e que queremos uno e indivisível. Desde o Alasca até a Terra do Fogo, qualquer que seja a língua que se fale, é um só Continente, uma só Família de Nações, à qual os últimos anos vêm trazendo novos e bem-vindos membros, à medida que surgem no Continente novos Estados por um processo pacífico de emancipação soberana. A todos une o ideal do Pan-americanismo; a todos une o amor à Liberdade e a consciência de uma responsabilidade partilhada com todos os países livres do mundo.

Esta festa deve ser antes de tudo a da união dos Povos americanos, dessa união que saberemos defender contra todas as ameaças e todas as insídias. Repeliremos todas as tentativas, sob qualquer disfarce que elas se apresentem, de cindir a unidade política do Continente, de criar, sob a falaciosa aparência do diálogo, um confronto e uma antinomia entre as várias partes do nosso Hemisfério. Em todos os tempos esteve o Brasil atento contra os que buscam linhas de clivagem neste monolito, e sempre soube sobrepor às naturais divergências, aos necessários debates, aos legítimos litígios, o espírito superior do Pan-americanismo, cuja essência não pode ser afetada por inevitáveis colisões de interesses, cuja melhor solução se encontra sempre no debate franco e fraternal a que preside uma sincera solidariedade.

A nossa união se afirmou cada vez que uma ameaça pairou sobre o Continente. Logo ao irromper a Segunda Guerra Mundial, com impressionante rapidez os Estados Americanos, nas três primeiras Reuniões de Consulta dos seus Chanceleres, souberam forjar de comum acordo os instrumentos jurídicos de que necessitavam para a defesa política e militar do Continente. Nos últimos anos vimos, sem dúvida, sucumbir uma República irmã, capturada por forças estranhas e inimigas de nós todos, mas sabemos que essa surpresa não se repetirá, que qualquer golpe de mão contra alguma parte do Continente nos encontrará vigilantes e unidos, para acorrer em socorro dos irmãos ameaçados, como acabamos de fazê-lo, com o êxito mais completo, na República Dominicana.

A razão, as raízes e a força de nossa união encontram-se no fato de que os Povos americanos vivem sob instituições diversas, e interpretam de modo vário aquelas que lhes são comuns; mas todos partilham, sob essas superficiais diferenças, ideais idênticos, hauridos do fundo de sua História, pois todos conheceram processos similares em sua formação política ao aceder à dignidade de Estados Soberanos, e na sua evolução desde uma Independência já longínqua para quase todos. Sem exceção, os mais antigos como os mais novos no rol desses Estados, emergimos para a Independência não improvisados mas já amadurecidos, enriquecidos de elites intelectuais não diversas das do Velho Mundo, e entre as quais cedo floresceram os mais generosos anhelos de Liberdade e de fraternidade humana. Nosso Continente inteiro, saxônico ou latino, nasceu para o convívio internacional sob o mesmo signo, o da Democracia. O conceito desse vocábulo tem, decerto, variado desde o tempo dos Fundadores, desde Jefferson, José Bonifácio ou Sarmiento até os nossos dias; em nossos próprios dias a sua definição variará de país para país, segundo a índole de cada povo e seu processo individual de sedimentação jurídica e histórica; a sua substância profunda, porém, é inconfundível e una, como o líquido que, esposando a forma de muitos vasos, em todos conserva sua mesma essência e pureza, como a luz, que dividida e refrangida por muitos cristais, não vê alterado o seu espectro, como a amor materno, que, por muitos partilhado, para todos é idêntico. Se em algum momento nos dividem aparentes divergências de exegese, basta que voltemos a olhar para as democracias espúrias em outras terras, para os rótulos que recobrem falsificações da Democracia, para que logo nos salte aos olhos no fácil e incontrovertível confronto, a realidade e a razão de nossa básica unidade: o sincero, puro, autênico amor à Liberdade, o longo esforço feito para conquistá-la e conservá-la, o inquieto zelo com que procuramos todos cultivá-la e defendê-la; a noção consciente da dignidade humana; a crescente preocupação de solidariedade humana e de nossos deveres para com o nosso próximo e os nossos pósteros, em fazer que este Novo Mundo seja, no mundo de amanhã, sempre mais justo e mais feliz. Nossos caminhos podem ser distintos, mas todos convergem para um mesmo nobre e claro ideal: o de uma América livre, forte, próspera, onde para todos os homens, sem exceção, a vida seja amena e digna.

O BRASIL NA AMÉRICA LATINA - II

Sempre pensei, e penso, que para nós, os povos da América Latina, os caminhos da redenção e de um grandioso porvir passam pela estreita e diuturna colaboração, nunca excludente de outras formas sadias de cooperação no plano mundial, mas especialmente continuadas e detalhadas entre nós. Demasiado tempo, nós, os ribeirinhos do Atlântico e os do Pacífico, vivemos de costas voltadas uns para os outros, alongando o olhar para os horizontes marinhos, e esquecendo-nos de que, entre nós, corriam os rios-mares das bacias do Prata e do Amazonas, sistema sangüíneo vitalizador do Continente, "caminhos que marcham", vias de penetração e de multiplicação de riquezas, de intercâmbio de bens e de idéias.

Um dos piores erros que poderíamos cometer seria negar ou desdenhar nossas afinidades, nossas múltiplas e diversas identidades de interesses; pior ainda seria fechar-nos no mero círculo dessas identidades, negando-nos a reconhecer o círculo mais abrangente de nossa projeção continental, da união Pan-americana que é o melhor penhor de nossa segurança coletiva; pior de todos, ir buscar longe de nossas origens históricas e de nossa verdade geográfica ilusórios apoios em convívios internacionais vociferantes e vazios, feixes de ressentimentos impotentes.

Somos o que somos; todos nós, ibero-americanos, acedemos à soberania já experientes e maduros, e o fizemos, com uma única exceção, desde os albores do século XIX; o único país íbero-americano a haver entrado pelo século XX na condição de colônia foi Cuba.

Somos o que somos; Nações altivas e viáveis, que não precisam da caridade internacional e sim de legítimo e rentável apoio externo aos seus próprios esforços. Temos largamente, todos nós, com o que responder pela compreensão que esperamos por parte das Nações mais ricas, em cujo grêmio é nosso destino penetrar, nós mesmos, no próprio interesse delas, cuja sobrevivência como tais depende a médio prazo da abertura de novos e vastos mercados, que nós, e quase só nós, podemos proporcionar no século vindouro.

Nosso futuro depende essencialmente de nossos esforços: de nossa coragem, eficiência e probidade depende o grau de crédito que merecemos de parte das fontes mundiais de capitais e de tecnologia. A nós cabe demonstrar que somos capazes de realizar e administrar os projetos para os quais negociamos — em termos mutuamente vantajosos — apoio financeiro externo. A mendicância internacional não faz parte de nossa política, porque somos, em termos econômicos e empresariais, suficientemente capazes e conscientes para merecer crédito sem favores.

Não fazemos parte, nem material nem moralmente, da triste companhia dos inviáveis, dos incapazes, dos inexperientes e dos imaturos. Somos ramos e frutos de um milenar e maravilhoso surto intelectual, científico e civilizador. Não somos, decerto, linearmente e monotonamente semelhantes; muitas diferenças nos distinguem, nem sempre discernidas por nossos amigos de ultramar. Mas temos entre nós mais semelhanças do que dessemelhanças. Todos nos reclamamos da mesma alta, preciosa origem e comum patrimônio da civilização humanística do Ocidente cristão; nela haurimos nossas íntimas convicções, nunca renegadas em nossos corações, de uma filosofia em essência liberal, em essência legalista, em essência democrática, em essência tolerante. Os desvios ocasionais e transitórios dessa essência, que a História tem às vezes trazido em seu curso, não invalidam a fé básica, a todos nós comum, e nunca se aproximaram, nos piores momentos, daquilo que é ainda hoje a rotina diária da vida em países de outros Continentes e de outras filosofias políticas.

Todos amamos a Liberdade; todos aspiramos ao império da Lei; todos cremos na igualdade dos homens perante ela; todos anhelamos, com convicções hauridas no liberalismo romântico que foi o de nossos primeiros passos no caminho da Soberania, a primazia do bem público, a livre expressão da vontade popular, o livre jogo das instituições democráticas. Nenhum de nós, nem nenhum outro povo, é isento de pecados ante esses postulados; mas neles nós cremos, com fé inerradicável que sobrevive sempre à dureza ocasional dos tempos.

Nossa tolerância racial e religiosa — outro traço que nos é essencialmente comum — tem sido historicamente para todos nós uma grande força. Em dias de nossa vida, outras Nações, até mesmo também algumas que se consideram mais cultas do que nós, conheceram massacres espantosos, atrocidades indescritíveis, por motivos de intolerância racial ou religiosa. Enquanto isso nós na América Latina absorvemos tranqüilamente através de séculos as mais variadas etnias, permitimos o livre exercício das mais diversas confissões religiosas, sem qualquer arranhão à harmonia do corpo social.

Graças a essa liberdade, recebemos e assimilamos sem qualquer trauma, ao correr dos anos, as mais valiosas contribuições em recursos humanos, preciosos fatores de nosso progresso. Deus nos livre de cair jamais em formas primárias de xenofobia, próprias de povos infantis e de espíritos medíocres e timoratos. Não é esse o nosso caso; nossa herança é a liberdade, com a qual, na frase de Artigas, "nem ofendemos nem tememos". Donos de nossos destinos, somos donos de aceitar ou rejeitar com igual serenidade qualquer contribuição externa, sem receio de sermos dominados. Sonho com uma América Latina consciente de seus grandes destinos, aberta a todos os influxos fecundos, responsável e coerente em suas atitudes, pertinaz na urdidura do arcabouço econômico que lhe há de dar, por um comum esforço, a grandeza e a prosperidade que os seus recursos justificam e que seus povos com razão reclamam.

Muito resta por fazer na América Latina. Há muitas lacunas a preencher, muitas misérias a socorrer, muitas dores a mitigar, muitas injustiças a corrigir — como aliás no resto do mundo: em graus variáveis, não há país, capitalista ou socialista, isento de mazelas e que configure um Paraíso terrestre. Do contrário não seria necessário o infamante Muro de Berlim, nem a rede de arame farpado e de casamatas que separa dois mundos. Mas quem há de lutar, e está lutando, contra esses males, quem na América Latina vai conseguir que a condição humana seja cada vez mais digna, somos nós, os homens de Empresa e os homens de Estado que aceitamos deliberadamente como um dever cívico a nossa parte de responsabilidade pelo bem de nossas Nações, e são junto conosco os trabalhadores dos campos e das cidades, os líderes sindicais conscientes e capazes cujo útil papel já se divisa com nitidez, são os homens de ciência, são os educadores; e não os profissionais da desordem, os corretores de catástrofes, nem os falsos nacionalistas a serviço do internacionalismo da subversão, os traidores do pensamento liberal e dos verdadeiros interesses de nossas Pátrias latino-americanas.

Fomos nós, e não eles, que construímos as grandes obras que vão transformar este vasto Sub-continente; nós, e não eles, que estamos tirando e vamos tirar da imensidão de nossas terras a imensidão de nossa futura riqueza. Somos nós, e não eles, que estamos construindo Sociedades civis democráticas e ordeiras, sob o signo da Democracia. Nesse caminho temos de perseverar; e, se somarmos os nossos esforços, irmanarmos os nossos pensamentos, concertarmos os nossos objetivos comuns, ainda em nossa geração veremos a América Latina representar no mundo civilizado e desenvolvido uma ponderável força econômica, para seu bem e para o bem do mundo inteiro, em proveito da paz e do progresso internacionais.

12/10/83

AS MALVINAS E O BANCO BARING

A História mundial está cheia de oportunidades perdidas que, se houvessem sido aproveitadas, teriam evitado grandes calamidades.

É assim que, no momento do conflito entre a Argentina e a Grã-Bretanha, ninguém se lembrou de que, por volta do ano de 1830, o governante argentino Juan Manuel de Rosas propôs abrir mão das pretensões do seu país acerca das Ilhas Malvinas, em troca do perdão, pelo Banco Baring Brothers, da dívida argentina junto àquele Banco.

Se tão inteligente e construtiva proposta houvesse sido rememorada e renovada no momento oportuno, haveria sido evitado um conflito armado que custou tantas vidas de parte a parte — e evitada também a falência do Banco Baring, secular instituição à qual o Brasil, desde a sua Independência, tanto deveu — no sentido literal da palavra.

Cedida ao Banco Baring a propriedade das Ilhas, pelo comum acordo das partes litigantes, elas passariam a chamar-se "Ilhas Baring", pondo fim à pendenga em torno do nome das mesmas — se "Falkland" ou "Malvinas". O Banco, de posse de tão considerável patrimônio imobiliário, restabeleceria sua saúde financeira, evitando a falência cuja notícia abalou a comunidade bancária internacional e arrastou em sua voragem até haveres de sua mais ilustre depositante, Sua Majestade a Rainha da Inglaterra.

As Ilhas Baring passariam a constituir um "paraíso fiscal", a exemplo de outras ilhas, como Jersey e Guernesey junto à costa da Normandia, e as Ilhas Cayman no Caribe. Elas seriam governadas pelo Gerente da Agência local do Banco, a qual ofereceria aos interessados contas numeradas indevassáveis e invulneráveis. Nessas contas os donos de bancos em dificuldades poderiam pôr a salvo seus haveres pessoais antes da falência de suas instituições.

As contas nas Ilhas Baring estariam ainda mais seguras do que nos próprios bancos suíços, pois já tem ocorrido, em circunstâncias excepcionais e penosas, a autorização do Governo helvético e da Associação dos Bancos Suíços para a quebra de sigilo bancário.

Os políticos dos países laitno-americanos teriam também ali um lugar ideal para depositar as suas honestas economias, ganhas com o suor do rosto dos contribuintes. O seu patrimônio líquido ficaria à sua disposição nas Ilhas Baring, ao abrigo de qualquer CPI indiscreta e fútil, enquanto o seu patrimônio imobiliário continuaria em Miami. Seriam assim evitadas situações constrangedoras, como o seqüestro de bens de antigos governantes, já que não haveriam bens visíveis para serem seqüestrados.

Port Stanley, rebatizado Porto Baring, seria um porto livre, com quilômetros de *free shops*, para onde os compradores seriam trazidos por um serviço de velocíssimos e estáveis *hovercraft*, como os que hoje ligam Buenos Aires a Punta del Este via Montevidéu, os chamados "buquebus".

Para tranqüilidade da Argentina, as Ilhas Baring seriam desmilitarizadas, tal como foi desmilitarizada, sob garantia do Brasil, a ilha argentina de Martin Garcia, situada junto à costa uruguaia, para tranqüilizar o Uruguai.

Outra oportunidade histórica foi perdida por Napoleão I, a quem, em 1814, as Potências Aliadas vencedoras concederam, em troca de sua abdicação do Trono de França, a plena propriedade e soberania da Ilha de Elba, aprazivelmente situada no Mediterrâneo a curta distância da Côte d'Azur. Se o ambicioso e irrequieto Bonaparte houvesse tido bastante juízo para renunciar à sua megalomania, teria acabado os seus dias em paz, em um clima delicioso, poupando à França uma guerra catastrófica, e evitando para si próprio o desastre de Waterloo e um melancólico exílio definitivo na Ilha de Santa Helena, prisão não menos segura e pouco mais prazenteira do que o presídio de Alcatraz.

Houvesse ele aceito aquela confortável aposentadoria, depois de um quarto de século de guerras e de sangrentas glórias, seus descendentes haveriam podido construir em Elba um grande cassino de jogo, teriam acumulado uma imensa fortuna, e a família Bonaparte reinaria até hoje sobre a Ilha de Elba como a família Grimaldi reina até hoje sobre o Principado de Mônaco. O Grande Cassino de Porto Ferrajo seria o rival do Cassino de Monte-Carlo.

Não todas as Nações, nem governantes, possuem, porém, a sabedoria da plácida Holanda, que soube renunciar a tempo a suas pretensões sobre o Nordeste do Brasil, e disso se felicita hoje.

22/5/96

O BRASIL NO CENÁRIO INTERNACIONAL DO SÉCULO XXI

A questão que agora nos confronta é como o Brasil deve situar-se e mover-se entre essas três grandes placas tectônicas que vão dividir a superfície do globo — Bloco Americano, Bloco Europeu, Bloco da Orla do Pacífico. Impõe-se, frente aos desafios do futuro, repensar a nossa política internacional, de modo a devolvê-la às sólidas e dignas diretrizes que teve no passado, retificando a rota em direção ao objetivo que sempre foi o objetivo correto, isto é, levar o Brasil a uma posição de destaque entre os países civilizados, sem perder fortes raízes na política continental.

A diplomacia do Império e a da República mostraram, nesse sentido, uma prodigiosa coerência. Os grandes diplomatas do fim do Império foram os que serviram com mais glória o Brasil República: o Barão de Penedo, o Visconde de Cabo Frio, e o maior deles, o Barão do Rio Branco, digno continuador da obra de seu ilustre pai, o Visconde do Rio Branco.

Esses homens foram grandes, e tiveram uma alta noção da grandeza dos destinos do Brasil, noção que nós, profissionais da Carreira, recebemos e procuramos resguardar através dos tempos.

Em duas ocasiões, porém, nos tempos recentes, essa clara linha política, que era nossa herança nacional e fazia nossa força moral no concerto das Nações, foi deturpada. A primeira vez, por felicidade, foi passageira, e o rumo correto restabelecido e magistralmente definido em um admirável discurso do Presidente Humberto Castello Branco. Depois dele, porém, voltaram a produzir-se desvios perigosos, que nos conduziram ao caminho estéril e inglório do "terceiro-mundismo". Alegro-me ao constatar, nas tomadas de posição do atual Governo do Brasil, claras demonstrações da vontade de um retorno a uma política digna de uma grande Nação.

O primeiro objetivo será, portanto, livrar-nos e lavarmo-nos dessa política. Em uma conferência pronunciada nesta mesma Escola no ano passado, disse que a nosa atitude em relação ao "terceiro-mundismo" devia ser a expressa no estribilho de um samba-enredo de recente Carnaval: "Ratos e urubus, larguem minha fantasia." O propósito declarado pelo Presidente Fernando Collor é o que corresponde ao interesse do Brasil: colocar-nos firmemente no Primeiro Mundo, fora da "Terceira Classe" onde nos encolhemos demasiado tempo, perdendo tempo entre "Não-alinhados" e "Bloco dos 77 subdesenvolvidos": posições sem glória, sem razão e sem futuro, que, longe de favorecer, prejudicam lamentavelmente nosso poder de barganha e nossa liberdade de manobra diplomática, colocando-nos em uma posição que oscilava apenas entre a mendicância chorosa e a mendicância truculenta — mas sempre mendicância, indigna da grandeza de nossa Nação, cuja voz se perdia entre um coro de impotentes lamentações ou de inócuas ameaças — posição não raro em dissonância com o Mundo Livre e democrático no qual se acha logicamente o nosso lugar.

A formação dos três Grandes Blocos abre para a nossa atuação diplomática um largo leque de opções. Em todos três podemos desenvolver ação intensa.

Essa ação deve buscar, naturalmente, como primeiro objetivo, a conquista de mercados para exportações brasileiras; mercados sérios e solventes, não mercados folcloricamente fantasistas como alguns em que perdemos tempo e dinheiro em nome da política terceiro-mundista.

Além de compradores, buscar fornecedores de quanto necessitamos para produzir, abastecer nosso mercado interno, e exportar. Fornecedores também de tecnologia, para que possamos sempre permanecer competitivos no mercado mundial e até no mercado interno. Fornecedores enfim de capitais e parceiros confiáveis em *joint-ventures* no Brasil e no exterior.

Na conduta de nossa ação diplomática no panorama mundial haverá um erro a evitar, uma perigosa tentação a repelir: a de imaginar a formação de um quarto Bloco, na ilusão de alinhar frente aos outros um "Bloco Latino-americano" como parceiro no jogo. Essa tentação é perigosa, porque já tem brilhado com fascínio fácil aos olhos de políticos, intelectuais e publicistas brasileiros, embasbacados pela perspectiva de colocar em pista, em pé de igualdade com as "Grandes Sociedades", o nosso próprio Bloco... carnavalesco.

Essa fantasiosa concepção não tem viabilidade política nem econômica. A começar pelo fato de que os principais países da América Latina estão bem conscientes da inviabilidade e dos inconvenientes da hipótese, veja-se México, que acaba de dar um passo de enorme alcance histórico, fazendo tábua rasa de velhos e fortíssimos preconceitos, ao abrir suas fronteiras a um livre intercâmbio com os Estados Unidos da América, à integração gradual de sua economia com a do poderoso vizinho em um mercado comum em que é parceiro também o Canadá. O passo audacioso dado pelo jovem Presidente Salinas varre as teias de aranha da História e abre largos horizontes ao desenvolvimento econômico de um México regenerado.

A América Latina inteira, sobretudo sem o México que já embarcou em outra canoa, não tem peso específico, nem coesão estrutural e política, como para criar a sua própria área econômica em concorrência e contraposição aos três grandes Blocos já hoje nitidamente delineados — o Norte-americano, o Europeu e o da Bacia do Pacífico. Já surgiu, há mais de 30 anos, sob o Governo Kubitschek, a nebulosa noção de uma "Operação Pan-americana" tendo como corifeu o Brasil. Essa fantasia nascida no cérebro fértil de um talentoso amador, mas que não era "do ramo", encontrou a oposição tenaz e eficaz do Itamaraty, onde eu ao tempo chefiava o Departamento Político, e acabou falecendo de morte natural. Da mesma ordem de idéias participou a criação da ALALC, também falecida e hoje reencarnada na ALADI, sem haver justificado as esperanças dos seus idealizadores: a área ALADI, ex-ALALC, conseguiu nos últimos anos, não apenas estagnar em importância para o comércio exterior do Brasil, mas até declinar ligeiramente, absorvendo em 1989 10% das nossas exportações, contra 11% 20 anos antes.

Não quer isso dizer, absolutamente, que o Brasil deva menosprezar ou negligenciar as relações com os demais países da América Latina. Muito pelo contrário, essas relações são para nós de imensa importância, e assim foram encaradas desde os tempos do Império. A Argentina, por exemplo, teve sempre um papel importantíssimo em nossa História, na paz ou na guerra. Nossas passadas refregas contribuíram para forjar o nosso patriotismo, dar-nos a noção sagrada de uma integridade territorial a ser resguardada, de valores históricos apreciados ao preço do sangue. Sobrevinda a bonança, sepultadas as velhas rivalidades já sem sentido, a Argentina tornou-se um parceiro de grande estatura, vizinho cuja fronteira tende antes a unir-nos do que a separar-nos, Potência com a qual mantemos o mais constante e mais construtivo diálogo, constante mecanismo de consulta e troca de idéias sobre os assuntos de interesse continental. Com a Argentina adquirem sentido e oportunidade os mais importantes projetos de complementação industrial, tecnológica e comercial; ao seu lado podemos debruçar-nos sobre as vastas oprtunidades de desenvolvimento integrado da Bacia do Prata, promovendo interesses de ambos e dos demais países ribeirinhos, em numerosos aspectos — agricultura, indústria, transportes, hidrografia, defesa sanitária, energia elétrica e muitos outros. A Bacia do Prata não é uma fantasia, é um campo fascinante para a ação política do Brasil, vaqueano dessa área, longamente trilhada por sua diplomacia.

Agora mesmo, abrem-se algumas importantes perspectivas para a integração da Bacia do Prata sob formas altamente vantajosas para o Brasil.

Uma delas consistiria no aproveitamento sistemático da ligação ferroviária, via Paso de los Libres — Uruguaiana, entre a Ferrovia argentina General Urquiza e a Rede Ferroviária Federal, para escoar as exportações das Províncias argentinas de Corrientes, Santa Fé, Entrerrios, Misiones, El Chaco, em direção ao Porto do Rio Grande. Esse porto foi declarado, pela

Reunião dos Chanceleres dos países da Bacia do Prata realizada em 1969 em Santa Cruz de la Sierra, "porto de relevância prioritária para a Bacia do Prata" — se bem que não esteja situado naquela Bacia, e sim na da Lagoa Mirim. Semelhante política ferroviária, que já está sendo encarada na Argentina, constituiria a coroação do sonho longamente acalentado no Itamaraty, de que, no decorrer do século XXI, o Porto do Rio Grande venha a substituir Buenos Aires como o principal porto marítimo para a Bacia do Prata. Este sonho, para tornar-se realidade, funda as suas esperanças em fatos indiscutíveis. Buenos Aires acha-se na ponta de um funil, onde se concentra a formidável descarga das aluviões carreadas por todos os rios do sistema potamográfico do Prata, que abrange 25% do Continente Sul-americano. Uma das maiores frotas de dragas do mundo trabalha noite e dia para manter precariamente transitável um canal de acesso de escassos 34 pés de profundidade e uma estreita bacia de manobra junto aos cais.

Dadas as dimensões e o calado hoje exigidos para a operação econômica de navios mercantes de longo curso, é evidente que o porto de Buenos Aires está fadado a operar no futuro próximo como porto fluvial; um grande e importantíssimo porto fluvial (afinal Paris, sobre o estreito Sena, é o quarto porto de França em movimento de cargas); mas *não* como terminal marítimo para granéis sólidos nem líquidos, nem mesmo provavelmente para os cargueiros "multi-purpose" ou porta-contentores do futuro próximo. Montevidéu acha-se em situação praticamente idêntica. A solução lógica, portanto, é o Rio Grande, que não sofre açoreamento por aluviões continentais, pois para estas a Lagoa Mirim serve de bacia de decantação. Estudos feitos por duas grandes empresas internacionais permitiram determinar que o porto do Rio Grande pode facilmente ser mantido aberto para navios de 40 a 50 pés de calado, mediante modesto volume de dragagem das areias marítimas trazidas pelas marés de equinócio. Cabe ao Brasil tomar as providências necessárias, e fáceis, para a organização do porto e retroporto, e da malha ferroviária, de modo a habilitar o Rio Grande ao enorme papel que a geografia lhe designa, de principal terminal graneleiro e multimodal da Bacia do Prata.

Outro desafio para a nossa política na América Latina é a construção de um sólido sistema de complementação econômica dentro do chamado "Cone Sul". Não é isso novidade: há mais de 80 anos foi concebido o conceito chamado "do A.B.C." — Argentina, Brasil e Chile — como arcabouço de uma política regional. O Uruguai e o Paraguai, encravados entre os territórios do Brasil e da Argentina, incorporam-se logicamente ao conceito do "Cone Sul". Entre os 20° e 40° paralelos de latitude Sul estende-se, do Atlântico ao Pacífico, uma faixa territorial sob diversas Soberanias, mas com graus comparáveis de desenvolvimento econômico e cultural, com parques industriais compatíveis entre si, localizados em centros regionais importantes e interligados. Dentro desta faixa, é lícito conceber um sistema viável de complementação e de integração industrial e de transportes, apoiado por um mecanismo sistemático de consulta e cooperação política entre os vários Estados. E, afinal, o acesso ao Pacífico, ao qual o Brasil aspira com razão, é mais fácil e mais rápido através da Argentina do que através da Bolívia. Os caminhões brasileiros já rodam diariamente via Mendoza até Valparaiso, e já existe a indispensável alternativa ferroviária, que poderá ser melhorada e mesmo duplicada por um novo traçado, de Paso de los Libres ao Pacífico, do "Ferrocarril General Urquiza". A ponta de nossos trilhos em Santa Cruz de la Sierra aponta, decerto, para Cochabamba, mas até ali, e dali ao Pacífico, ainda restam imensos trechos com prodigiosas dificuldades a vencer.

Voltemos agora aos "Grandes Blocos".

Com o "Bloco Europeu" temos consideráveis afinidades e uma fácil sintonia. Nossas raízes históricas, basicamente portuguesas, mergulham fundamente na filosofia política e jurídica liberal da Europa Ocidental e em suas tradições culturais, sobretudo da França e da Grã-Bretanha. Daquela área recebemos importantes correntes imigratórias, com valiosos reflexos em nossa formação étnica, sobretudo da Itália e da Alemanha. Nos últimos anos cresceu notavelmente a importância da área para o nosso comércio exterior. Cada dia mais, a Comunidade tende a comportar-se como uma Grande Potência unificada.

De fato, mesmo nas suas dimensões atuais, a Comunidade Econômica Européia já tem hoje as proporções de uma grande Potência, e já constitui o maior Bloco Econômico do mundo. Sua população de 320 milhões de habitantes é maior do que a dos EUA; essa população apresenta alto nível cultural, contando milhões de engenheiros e de cientistas, formados por centenas de Faculdades e de Universidades do mais alto padrão acadêmico. Produz mais aço, mais cimento, mais veículos automotores do que os EUA. ou o Japão. O Produto Bruto somado de seus países membros é quase tão grande quanto o dos EUA., maior que o do Japão

Sem dúvida, o crescimento da economia européia vem sendo mais lento nos últimos anos; suas taxas de desemprego atingem níveis preocupantes; e tem revelado menos capacidade criadora em altas tecnologias do que os Estados Unidos ou o Japão. Assim mesmo, continua forte no domínio técnico da indústria automotriz, da aeronáutica civil e militar, da química industrial, das telecomunicações, inclusive por satélite. Em resumo, teremos nesse Bloco um parceiro, um cliente, e uma fonte de capitais e de conhecimentos, da primeira importância.

Em relação ao Bloco da Bacia do Pacífico, nossa ação diplomática passará prioritariamente pelo Japão, que surge como Potência proeminente na Ásia, e como fonte de capitais de empréstimo para a economia brasileira, fonte considerável também de capitais de risco e de tecnologia. Na área asiática, muito temos que aprender, com países como a Coréia do Sul, que, partindo de um nível de desenvolvimento baixíssimo, conseguiram em poucos anos progressos espetaculares, sem sofrer inflação significativa: passando de uma renda *per capita* inferior a 100 dólares anuais em 1960 para os atuais US$ 2,300 — comparável à do Brasil.

Não obstante, porém, o desembaraço com que podemos evoluir no panorama internacional, um panorama que no século XXI se vislumbra como grandemente aliviado de tensões e de confrontos ideológicos e militares, imutáveis imperativos geopolíticos e históricos impelem o Brasil na direção lógica da integração em um dos três grandes Blocos, aquele que lhe é indicado pela sua posição na superfície do planeta. É claro, com efeito, que nenhum país, sobretudo um país com interesses globais como já é o nosso, poderá viver alheio a laços preferenciais com algum dos grandes aglomerados que regerão o jogo da economia mundial. Assim sendo, aplica-se a máxima de Napoleão Bonaparte: "a política dos Estados é a sua geografia." Nosso lugar está indicado: nosso interesse imperioso reside na integração em um vasto Bloco Americano, abrangendo desde o Canadá até o Chile, Bloco do qual devemos ser um dos principais artífices e de cuja imensa força coletiva derivaremos força e prestígio para nossa atuação individual em outras áreas. Será a transposição lógica, para o século vindouro, da União Pan-americana fundada em 1906 pelo Barão do Rio Branco, e que foi durante meio século o melhor arcabouço para a nossa política externa. A idéia central do ilustre estadista, idéia sempre válida, era colocar do lado do Brasil e dos demais países da América Latina o prestígio e o poder dos Estados Unidos da América, construindo uma solidariedade continental inexpugnável, multiplicando graças a ela o poder de barganha de cada República americana frente a terceiros países, e contando com o escudo continental da "Fortaleza América" para garantir a segurança coletiva, desde o Alasca até a Antártida.

A política exterior do Brasil parece haver recuperado o seu rumo correto e consentâneo com os interesses do país, bem como o sentido da grandeza que convém a uma Nação em busca do grande papel que é seu destino manifesto desempenhar no Continente e no mundo. Atingimos muito cedo, desde os albores de nossa Independência, uma notável maturidade política, que encontrou expressão na plêiade de grandes estadistas que serviram o Império. No século XX fomos o primeiro Estado sul-americano a levar suas armas ao Continente europeu, em uma afirmação da vontade de desempenhar um papel ativo e relevante no cenário mundial.

Em nossos dias atingimos um grande desenvolvimento que nos coloca em lugar honroso entre as economias do mundo. Em 1945, ao findar a Segunda Guerra Mundial, produzíamos 250 mil toneladas de aço por ano; hoje produzimos 25 milhões. O glorioso tope tricolor da Royal Air Force orna as asas de aviões de fabricação brasileira. Blindados brasileiros participaram das batalhas da guerra iraqui-iraniana. Operam sob bandeiras estrangeiras gigantescos navios construídos no Brasil. Nosso lugar está marcado entre os grandes do mundo, e o sentido de nossa política exterior é garantir esse lugar para o grande Brasil do futuro.

VII — "A Oeste de Alá — a crescente presença islâmica no Ocidente"

RUMO A LEPANTO?

Na manhã de 6 de outubro de 1571, uma imensa frota de galeras, a maior força naval jamais vista nos mares desde a Antigüidade, desembocava lentamente do estreito canal que separa as ilhas de Itaca — de onde partira Ulisses para o cerco de Tróia — e de Cefalônia. Divisão após divisão, à força de remos, a frota fazia rota demandando a entrada do Golfo de Corinto.

Todos os Estados cristãos do Mediterrâneo, atendendo ao apelo do Papa Pio V, haviam contribuído com forças para a frota. Haviam galeras do Papa, sob o comando do Príncipe Colonna; da República de Veneza, arvorando o pavilhão do Leão de São Marcos; da Ordem de Malta, estas comandadas pelo Grão-mestre da Ordem; dos Principados de Parma e de Urbino; de Nápoles e da República de Gênova, estas sob o comando do ilustre Almirante Andrea Doria; e enfim do Reino de Espanha. O Chefe supremo dessas forças combinadas era um jovem general de 24 anos, Don Juan de Áustria, filho natural do Imperador Carlos Quinto, portanto irmão do Rei de Espanha D. Filipe II.

Todas aquelas Potências cristãs haviam formado a "Santa Liga", com o propósito de destruir o poderio naval do Império Turco e de seus vassalos — Egito, Trípoli, Tunis, Argel e Marrocos, e de conjurar assim a ameaça de uma hegemonia islâmica no Mediterrâneo.

Os Estados muçulmanos haviam, por seu lado, concentrado poderosos meios navais nas águas da Grécia e dos Arquipélagos: mais de 200 galeras e 40 galiotas, sob as ordens do *Capitan-Pachá*, comandante-chefe das forças navais otomanas. Meses antes o general otomano Mustafá Pachá havia sitiado a fortaleza veneziana de Famagusta, na ilha de Corfu. A praça defendera-se heroicamente; mas, esgotados os víveres e a munição, seu bravo comandante, o nobre veneziano Antonio Bragadino, havia sido reduzido a capitular. Mustafá Pachá aceitara a rendição da fortaleza garantindo a vida salva à guarnição, que abandonou a praça e depôs as armas. Mustafá Pachá recebeu Bragadino com grandes honrarias, homenageando sua bravura; depois do que, mandou cortar-lhe o nariz e as orelhas, fê-lo desfilar nesse estado perante as tropas turcas, e em seguida fê-lo esfolar vivo. Os prisioneiros foram todos degolados.

Atrocidades dessa espécie vinham aterrorizando desde séculos as populações cristãs da orla do Mediterrâneo. As Nações cristãs não haviam prestado particular atenção ao vertiginoso alastramento do islamismo no Norte da África, primeiro apoderando-se do Egito, depois da Tripolitânia e de todo o Maghreb — Tunísia, Argélia e Marrocos, e passando o Estreito de Gibraltar — chamado pelos muçulmanos Djebel Tarik, nome que lhe ficou até hoje. Afinal os Pirineus representavam uma fronteira virtual da Europa, à qual a Península Ibérica ficara até certo ponto estranha. A sólida instalação dos mouros no Sul da Espanha, com Sevilha, Córdoba e Granada em seu poder, e em Portugal, com os mouros donos do Algarve (Al-Gharib em árabe), do Alentejo e até por certo tempo de Lisboa, não comoveu maiormente o resto da Europa. O primeiro e terrível sinal de alarme foi a tomada de Jerusalém pelos infiéis. Começou então, para retomar os Lugares Santos, a longa epopéia das Cruzadas.

O segundo acontecimento capital na história dos afrontamentos entre cristãos e maometanos foi a chegada aos Dardanelos, em 1358, dos turcos otomanos. Estes tomaram as praças bizantinas de Gallipoli, de Filipópolis e de Andrinopla. Uma cruzada européia lançada para desalojá-los resultou na esmagadora derrota de Nicopólis: 10 mil prisioneiros cristãos foram degolados. A degola durou um dia inteiro, do sol nato ao sol posto.

A partir dali os turcos haviam-se tornado o terror da Europa. Em 1453 tomavam Constantinopla e punham fim ao Império Romano. Os árabes, que haviam tomado o Egito, o Maghreb e o Sul da Espanha, não eram marinheiros, eram cameleiros e cavaleiros, e por isso a princípio não perturbaram maiormente o comércio marítimo no Mediterrâneo. Os turcos, ao contrário, criaram rapidamente um grande poder naval, e deram com isso o exemplo aos árabes e mouros do Norte da África. Trípoli, Tunis, Argel, tornaram-se ninhos de piratas, que passaram a acossar as rotas marítimas trafegadas pelo comércio veneziano e genovês. Os turcos vieram a dominar toda a Grécia, e a expulsar de Rodes, após um terrível e longuíssimo sítio, os Cavaleiros da Ordem de São João de Jerusalém, que ali tinham a sua sede desde a evacuação da Terra Santa pelos cristãos. Os cavaleiros puderam, no entanto, transferir-se para Malta, de onde seriam conhecidos a partir de então como "Cavaleiros de Malta"; e ali transformaram-se na maior potência naval do Mediterrâneo, graças à posição estratégica da ilha. Não por acaso a Marinha Real Britânica fez de Malta sua principal base naval no Mediterrâneo.

Enquanto Portugal, senhor da rota das Índias, podia explorar tranqüilamente o lucrativo comércio com o Oriente, as Nações marítimas do Mediterrâneo viam-se em graves apuros ante a crescente agressividade dos turcos e dos demais povos muçulmanos agora ocupando a orla meridional e oriental do Mediterrâneo. Essa agressividade tinha, acima de qualquer consideração de ambições territoriais ou políticas, uma motivação religiosa: tratava-se de impor ao mundo inteiro a dominação do Islã. Para proclamar esse propósito, foi escolhido como símbolo o *Crescente*: significando que tempo viria em que o Islã ocuparia toda a órbita terrestre. Os Cavaleiros de Malta, interpretando corretamente esse simbolismo, adotaram por sua vez um símbolo no qual a Cruz de oito pontas da Ordem inseria-se entre as pontas do Crescente, com a divisa em exerga: "Ne totum impleat Orbem", "para que não preencha toda a Órbita".

Enquanto isso os turcos invadiam o vale do Danúbio e chegavam às portas de Viena. Na orla do Mediterrâneo não havia segurança nem em terra nem no mar. Os piratas turcos e "barbarescos" (norte-africanos) não somente apresavam os navios mercantes, mas atacavam os pequenos portos, saqueavam as cidades e as aldeias costeiras, incendiavam tudo, e sobretudo tratavam de capturar e levar para bordo todos os habitantes. As mulheres e as crianças eram vendidas nos mercados de escravos; os homens eram acorrentados aos remos das galeras muçulmanas.

Com efeito, a força de propulsão das naves, de parte a parte, nas esquadras que iam afrontar-se em uma das batalhas navais mais importantes da História, era ainda o braço humano. Os meios flutuantes da batalha de Lepanto seriam os mesmos que haviam sido empregados na batalha de Actium, 15 séculos antes, que decidiu a sorte do Império Romano, disputado entre Octavio, o futuro Augusto, e Marco Antonio apoiado por Cleópatra, rainha do Egito; os mesmos até que na batalha de Salamina, que, dois mil anos antes, salvara a Grécia da invasão persa: galeras a remos, com velame auxiliar, armadas de esporão. A bordo das galeras muçulmanas os remadores eram todos escravos cristãos, capturados a bordo de navios aprisionados ou em golpes de mão contra povoados costeiros. Nas galeras cristãs os remadores eram em sua maioria criminosos de direito comum, condenados à pena de galés como alternativa à forca. Haviam também, em menor número, prisioneiros muçulmanos e até voluntários cristãos que a miséria levava a aceitar, contra magro soldo, tão duro mister.

Ao emergir do estreito canal entre as ilhas a frota cristã apresentava magnífico aspecto ao sol da manhã. Logo foi feito o sinal de "inimigo à vista": era a frota de Ali Pachá que saía da baía de Lepanto. Don Juan de Áustria fez desfraldar pela primeira vez o pavilhão que lhe fora dado pelo Papa Pio V, ornado com um Crucifixo e as imagens dos Santos Apóstolos Pedro e Paulo. Ali Pachá arvorava por seu lado o pavilhão do Profeta, trazido desde Meca. Suas forças eram sensivelmente iguais às de Don Juan de Áustria: 200 galeras e 60 unidades ligeiras. A Cristandade e o Islã iam afrontar-se em igualdade de condições. A bordo das esquadras cristãs serviam como voluntários centenas de fidalgos das mais nobres casas da Europa; junto a eles outros de menos alta estirpe mas destinados a alcançar maior fama: entre estes, um cavaleiro espanhol chamado Miguel de Cervantes Saavedra, o imortal criador de *Dom Quixote*.

No fim da tarde, após um dos combates mais renhidos jamais vistos no mar ou em terra, a frota islâmica estava destruída, salvo uma divisão argelina que salvara-se pela fuga, como a de Cléopatra em Actium. Perto de 30 mil infiéis haviam sido mortos, entre eles Ali Pachá, cuja cabeça decepada foi levada a Don Juan — que a fez lançar ao mar — e quase todos os seus comandantes de galeras. Mais de cem galeras capturadas ou afundadas, as restantes em fuga, 12 mil escravos cristãos libertados. Lepanto varria do Mediterrâneo a ameaça islâmica.

Dali por diante, os Cavaleiros de Malta fizeram, durante dois séculos, a polícia do Mediterrâneo, juntamente com forças francesas, venezianas e genovesas, dando caça aos "piratas barbarescos" do Norte da África. A Turquia cessou de ser uma grande potência naval, mas em terra suas forças continuaram hostilizando a Cristandade.

No século seguinte, o Crescente dominava a Bulgária, a Valaquia e a Moldávia, Azov na Rússia, e parte da Hungria. Budapest era a sede de um *pachalik* otomano. Em 1663 forças turcas, partindo da Hungria, invadem a Silésia.

A Cristandade contra-atacou esmagando os turcos e seus vassalos na batalha do Raab, todos os Reinos cristãos havendo deixado de parte momentaneamente suas rivalidades. Apenas cinco anos escoados, os turcos apoderam-se da ilha de Creta, e em 1683 uma avalanche muçulmana chega mais uma vez às portas de Viena, que está a pique de sucumbir quando surgem dois exércitos cristãos, um alemão e um polonês, este último comandado pelo próprio Rei da Polônia, João Sobieski. Os islâmicos são derrotados na batalha de Kahlemberg. O Imperador junta-se ao Rei da Polônia para expulsar os turcos da Hungria, o que só foi conseguido em 1699, após 16 anos de duras lutas, pela vitória de Zenta, na qual os turcos tiveram 30 mil mortos, entre eles o seu Grão-vizir. Pelo Tratado de Carlovitz a Sublime Porta restituiu ao Império a Hungria e a Transilvânia, a Ucrânia Ocidental à Polônia, Azov à Rússia e o Peloponeso à República de Veneza.

Apesar disso, ao raiar o século XIX o Império Otomano havia aproveitado o período das guerras européias da Revolução e do Império Napoleônico para apoderar-se de parte da Península Balcânica (inclusive a Bósnia-Herzegovina) e de quase toda a Grécia. Após Waterloo e o restabelecimento da paz na Europa, as atenções das potências deste Continente voltaram-se para o Oriente, constatando com horror a sangrenta tirania dos muçulmanos sobre populações cristãs martirizadas. "All Christian Europe", escreveu Lord Castlereagh, "agreed that the Turks were bloody interlopers on the Continent." Um grande movimento de solidariedade com o povo grego levou os mais nobres espíritos da Europa a pegar em armas ao lado dos patriotas gregos. Byron morreu em Missolonghi lutando pela liberdade da Grécia. Em 1821 a rebelião alastrou-se por todo o país, apesar da duríssima repressão dos turcos, que massacraram, a título de exemplo, toda a população da Ilha de Chio. Em 1825, o Vice-Rei do Egito, Mohamed Ali, assume o comando da repressão, com grandes forças de terra e mar. Em 1827 Atenas é tomada. A repressão martiriza também a Macedônia, a Bulgária, a Ilha de Creta.

As Potências européias comovem-se, e decidem intervir militarmente em favor do Reino da Grécia, proclamado pelos insurretos. Tropas russas atravessam o Danúbio, penetram na Península Balcânica e tomam Andrinopla. O Tsar da Rússia reconhece os Principados cristãos do Baixo Danúbio como Estados independentes. Uma frota aliada, compreendendo forças navais britânicas, francesas e russas, destrói a esquadra turco-egípcia na Baía de Navarino. A Grécia estava libertada. Os turcos deveriam, dali por diante, contentar-se com massacrar cristãos na infeliz Armênia, onde matanças sistemáticas, em proporções de autêntico genocídio, ocorreram rotineiramente durante quase um século, de 1804 a 1896. Mais uma vez, a motivação dos horrores perpetrados contra os armênios era religiosa, e não política. A bordo das galeras turcas que combateram em Lepanto bastava que um escravo cristão aceitasse converter-se ao Islã para que fosse libertado. Aliás, em Lepanto, galeras e até divisões inteiras da frota otomana eram comandadas por renegados cristãos. O milagre é que tantos milhares de outros cristãos hajam preferido arrostar uma existência incrivelmente penosa, acorrentados dia e noite a seus bancos, nus, sem qualquer proteção contra o frio e a chuva, chicoteados impiedosamente ao menor sinal de cansaço, antes do que abjurar a sua fé.

Hoje, mais de 400 anos passados desde a batalha de Lepanto, o Islamismo parece desenhar-se no horizonte do Terceiro Milênio como uma força hostil ao Ocidente.

A força de propagação do Islamismo, que foi velocíssima ao redor do Ano Mil, parece retomar fôlego e ódio às vésperas do Ano Dois Mil. Há cerca de mil anos, o geógrafo mouro Ibn Batuta deixou sua cidade natal de Salé, sobre o Oceano Atlântico, perto da atual Casablanca, movido pelo devoto propósito de percorrer todas as regiões do mundo obedientes à lei do Alcorão. Percorreu o seu Marrocos natal, a Argélia, a Tunísia, a Líbia, o Egito, a Palestina, a Síria, a Arábia, a Pérsia, a Índia, dali foi à Malásia, a Java, e foi terminar nas Ilhas Molucas a sua peregrinação. Hoje ele teria que percorrer também a Turquia, as várias Repúblcias islâmicas desmembradas da extinta União Soviética, o Paquistão, o Afganistão, e parte da China.

Caso se aventurasse pela África Negra, poderia todas as sextas-feiras, onde quer que estivesse, fazer a sua prece em uma mesquita.

Nos últimos 150 anos, o expansionismo islâmico em direção à Europa, a duras pelas contido em sangrentas refregas, no mar em Lepanto, em terra sob as muralhas de Viena, e novamente no mar em Navarino, amainou. Nesse período, porém, o Islã fazia, sem combate, rápidos progressos na África Negra, tanto na África Ocidental quanto na Oriental e no coração do Continente. Populações animistas, ou mesmo vagamente cristanizadas, abraçavam com ardor uma religião simples, sem dogmas nem mistérios difíceis de entender.

Nos últimos anos vem surgindo um fenômeno altamente alarmante: o fundamentalismo islâmico, intolerante, agressivo e feroz, não hesita em recorrer ao terrorismo como arma política. Vimos com pasmo o terremoto religioso e político ocorrido no Irã, onde um regime político forte desde meio século proibia qualquer intromissão de autoridades religiosas em assuntos temporais; um regime fundado à imitação do modelo da revolução turca que, comandada por Kemal Pachá, aboliu toda influência clerical, e inclusive proibia, nos próprios trajes masculinos e femininos, todo símbolo religioso: o fez ou o turbante para os homens, o véu ou o *chador* para as mulheres.

Subitamente, uma labareda de fanatismo religioso derruba a dinastia Pahlavi, paralisa e dissolve as forças armadas e policiais, e institui uma teocracia tirânica, declaradamente hostil a todos os valores espirituais e culturais do Ocidente. A chama alastrou-se rapidamente à Líbia do Coronel Khadafi transformada em foco de terrorismo, ao Egito onde os "Irmãos Muçulmanos" multiplicam os atentados. Na Argélia, cuja independência fora conquistada por um movimento de esquerda, declaradamente anti-religioso, as primeiras eleições realizadas depois de um quarto de século de ditadura militar ateística dão ao fundamentalismo islâmico a vitória em 46 dos 48 *vilayet* do país. Na Turquia, depois de três quartos de século de império de um regime republicano anti-religioso, vemos agora o Movimento Fundamentalista Islâmico emergir das últimas eleições como o mais forte Partido da República. O fundamentalismo domina também o Sudão.

O terrorismo é a face externa do fundamentalismo islâmico.

Milhares de argelinos, aqueles mesmos que conquistaram em longas e sangrentas lutas a independência de sua Pátria, hoje buscam asilo em França para salvar suas vidas; eles que haviam levado os seus patrícios de etnia francesa, os *pieds noirs*, e os *harki*, soldados muçulmanos lutando nas fileiras francesas, a deixar a Argélia para fugir da morte.

Mas isso não basta ao fundamentalismo islâmico. Ele não contenta-se em fazer a lei dentro de suas próprias fronteiras: quer impor a sua lei aos seus concidadãos que vivem no estrangeiro.

Essas incrível atitude é particularmente grave em França. Ali uma política de livre imigração para naturais de antigas possessões francesas levou à presença atual no país de milhões de muçulmanos. Esse número cresce diariamente, a despeito de recentes disposições para deter essas correntes imigratórias; cresce tanto pela imigração clandestina, quer por "cartas de chamada" de residentes em França em favor de parentes mais ou menos autênticos no país natal.

O resultado é que, há vários anos já, *o Islã é a segunda religião da França*: existem hoje ali mais muçulmanos do que protestantes ou judeus, ou mesmo do que protestantes e judeus juntos. Essa vasta massa hoje é um sério problema demográfico e político em muitos pontos do país. Em Lille, centro industrial têxtil do Norte da França, 22% da população são muçulmanos; a mesma percentagem de 22% verifica-se no outro extremo do país, em Grasse, centro pacato e pitoresco de fabricação de perfumes. Em ambas as cidades, tão distantes entre elas, a insegurança instala-se entre o resto da população: porque os seus novos concidadãos são violentos e truculentos, e alto entre eles o índice de criminalidade. Em Avignon, são quase 70%.

A gravidade do problema resulta do fato de que esses novos habitantes da França recusam a integração com o corpo da Nação; recusando mesmo submeter-se às regras de conduta, aos costumes e até às leis da República Francesa. A França sempre foi, pela sua posição geográfica, uma encruzilhada para a qual convergiram, e onde mesclaram-se, muitas correntes de migrações populacionais. Nos tempos proto-históricos e históricos, ali chegaram sucessivamente, e ali fixaram-se, celtas, gálatas, latinos, germanos, que acabaram fundindo-se, evolvendo um idioma comum e uma forte identidade nacional apesar da diferença de origens étnicas.

Neste fim do século XX, porém, os milhões de habitantes muçulmanos rejeitam violentamente a identificação com os demais habitantes, fazendo questão de conservar sua identidade própria — *que é religiosa e não racial*, pois nela congregam-se e comungam tanto árabes semitas da África do Norte como negros da África Ocidental e Equatorial. A tal ponto prevalece essa comunhão *religiosa e não racial* que os jovens de origem argelina, perfeitamente brancos, começam agora a referir-se aos franceses como "les blancs"— como se não o fossem eles próprios; proclamando assim a sua solidariedade com os negros, fiéis da mesma religião que eles.

Há 50 anos atrás, existia em França apenas *uma* mesquita, construída por volta de 1930 em virtude de uma doação do rei da Arábia Saudita. Essa única mesquita, em Paris, constituía principalmente uma atração turística para os estrangeiros que iam visitar "la mosquée de Paris". Hoje são *mais de 100* as mesquitas, só na Região Parisiense — na capital e seus subúrbios.

O ensino público em França é estritamente leigo há mais de um século, desde a separação entre a Igreja e o Estado. Paralelamente à rede oficial de ensino, existem estabelecimentos religiosos, não subvencionados pelo Estado. O ensino público gratuito, porém, desconhece divisões confessionais. Ora, atualmente os pais de alunas muçulmanas de escolas públicas francesas exigem, desafiando as autoridades do ensino, que suas filhas freqüentem as escolas usando sobre os cabelos a *écharpe* prescrita pela sua religião.

Não podem nem querem os habitantes muçulmanos da França manter suas próprias escolas religiosas, como fazem os católicos. Sobrecarregam com seus filhos e filhas a rede educacional francesa — com mais um grave efeito negativo: esses meninos e meninas de famílias imigrantes muçulmanas apresentam, em via de regra, um nível de aproveitamento escolar muito inferior aos de seus colegas franceses; o que rebaixa o nível geral das classes, inclusive sob compulsão de clamorosos protestos dos pais muçulmanos, que alegam discriminação contra seus filhos, e exigem que o nível destes comande o rítmo do ensino. O argumento é que os jovens de origem humilde, filhos de famílias pouco cultas, devem constituir o modelo, o gabarito, o *bench-mark*, de modo a compensar a sua inferioridade em relação aos jovens com mais sólida bagagem cultural. Essa política tende obviamente a rebaixar os padrões de ensino e a qualidade das classes.

Não são só os padrões de ensino que se vêm lesados no sistema educacional francês pela presença de escolares filhos de pais "imigrados"— e iletrados. São também, e gravemente, os padrões de disciplina escolar. A contestação da autoridade dos mestres assume aspectos violentos: no ano de 1995 foram registrados em França *cerca de 300 casos* de agressão física a educadores, e *mais de 30 casos* de espancamento de diretores de colégios do Estado.

Para piorar o quadro, o índice de crescimento demográfico é muito mais elevado entre os imigrantes muçulmanos do que entre os franceses. A família francesa raramente conta mais de dois filhos; as famílias de imigrantes cifram-se por cinco, seis ou mais filhos. Percentualmente, a população francesa autóctone estaciona; *os outros*, vão a 4 ou 5% e mais de crescimento anual. A projeção estatística para o ano 2050 é apavorante.

Muitos franceses começam a inquietar-se seriamente com a presença entre eles de uma minoria cada dia mais numerosa e cada vez mais ousada e agressiva, que não só recusa a assimilação mas rejeita expressamente o império das leis francesas. Há subúrbios de Paris (por exemplo Saint-Denis, onde ergue-se a Basílica em cuja cripta eram sepultados os Reis de França), de Lyon e de Marselha nos quais a polícia não ousa aventurar-se — tal como em certas favelas do Rio de Janeiro.

Tornaram-se rotina no noticiário dos jornais as incursões de vândalos em ruas pacatas. Ao vandalismo acrescenta-se o terrorismo. Em Paris, no verão de 1995, cinco atentados terroristas em três semanas, com mortos e feridos. Que mortos e que feridos? Transeuntes inofensivos, passageiros de metrô. O terrorismo islâmico mata ao acaso, para intimidar, para desafiar os Governos dos Estados cristãos. Sim, porque esse terrorismo tem raízes no fanatismo religioso, que é a sua própria essência: o ódio ao Ocidente cristão. O Fundamentalismo Islâmico não faz mistério disso: o chefe do Grupo Islâmico Armado (GIA), Djamel Zitouni, cujo "nome de guerra" é Saif al-Islam, *Espada do Islã*, declarou explícita e reiteradamente guerra à França nas páginas do Boletim do GIA, Al-Ansar, publicado em Argel, e até em entrevistas à imprensa ocidental.

O fundamentalismo islâmico, e o terrorismo que é o seu braço armado, já dominaram o Irã, o Afganistão, o Sudão, a Argélia e a Líbia, onde o incrível Coronel Khadafi dá-lhes asilo e apoio ostensivo. Na Síria, eles têm trânsito livre, bem como na Tunísia. No Maghreb, só lhes resiste o Marrocos — enquanto viver o seu rei. Depois deste, ninguém duvida de que Marrocos se entregará também. A Turquia, da qual Kemal Pachá Atatürk quis fazer um Estado leigo, totalmente separado da religião, destruindo o poder do clero e "ocidentalizando", inclusive obrigando todos os habitantes a usar vestimenta ocidental — exatamente como faria no Irã anos depois Reza Shah; pois bem, essa Turquia resolutamente leiga do Atatürk hoje custeia a viagem à Europa de religiosos muçulmanos para ali zelarem pelo bom cumprimento de seus deveres religiosos pelas centenas de milhares de operários turcos que trabalham na Alemanha como imigrantes (*Gastarbeiter*).

O fim do século XX viu o fim dos grandes afrontamentos ideológicos e militares em escala mundial. Encerrada a "Guerra Fria", cessou a polarização de tensões cujos valores perderam significado. Não há mais, tampouco, lugar para imperialismos nem conquistas. No Ocidente, os ódios arrefeceram, as paixões amainaram. No domínio da própria economia, os apetites, as rivalidades, fundem-se na globalização que integra os mercados em vez de dividi-los. Para o século vindouro, delineia-se hoje, porém, uma nova forma de enfrentamento hostil em âmbito mundial.

Do Oriente já nos chegam as manifestações de uma reação violentíssima, fanática, irredutível, contra a Civilização Ocidental e todos os seus valores. Já hoje são claríssimas as manifestações de um desejo exacerbado não só de rejeitar, mas de destruir a cultura ocidental, a nossa cultura, nascida e edificada sob o duplo signo da civilização greco-romana e da moral cristã. Contra ela ergue-se, com ódio, o fundamentalismo islâmico, explodindo à luz da História como violenta expressão de recalques e ressentimentos milenares.

O Oriente islâmico de hoje vê, com funda e rancorosa frustração, a concentração de descobertas científicas, de progresso tecnológico, de bem-estar social, nas áreas do mundo inscritas no quadro da Civilização Ocidental. Os altos padrões de vida, o conforto, a comodidade e a rapidez dos transportes, a facilidade de acesso a recursos médicos e a altos padrões de educação, tudo isso mora no Ocidente, e no Japão que, país do Primeiro Mundo, é isento de recalques face ao Ocidente.

Os nossos dias estão vendo surgir à tona, com violência de emoções e de ações, o longo rancor remoído durante séculos pelo Oriente contra o Ocidente e todos os valores deste. Esse sentimento encontra hoje um vetor apropriado e poderoso: o fundamentalismo islâmico.

As incursões do terrorismo islâmico no Ocidente têm sido numerosas e às vezes espetaculares. Vejam-se os atentados contra o World Financial Center no coração de Nova York, as bombas de Paris, os seqüestros de aviões e navios, a captura em Viena dos representantes de todos os países membros da OPEP reunidos ali. Ao nosso lado, na Argentina, tivemos a destruição da Embaixada de Israel e da sede de uma associação judaica — em ambos os casos com a morte de muitos argentinos, vizinhos ou transeuntes, que nada tinham que ver com o assunto.

Essas incursões esporádicas, porém, não podem conseguir a desestabilização do Ocidente. Muito mais grave é a criação de uma contracultura antiocidental, visando expressamente contestar os valores da civilização Ocidental, inclusive o cristianismo. O alvo principal dessa ofensiva, que se reclama do islamismo, são os Estados Unidos da América, o "Grande Satã" para o Aiatolá Khomeiny, onde é possível usar a cunha da religião para abrir brechas na sociedade e no Estado, aproveitando e aprofundando as linhas de clivagem entre as várias etnias que compõem a Nação americana. O objetivo claro é criar, acentuar e acirrar antagonismos raciais e culturais, contestando e combatendo a preeminência da etnia dita "caucásica" de cultura ocidental.

O grande sociólogo francês Guy Sorman, em seu livro *En Attendant les Barbares*, relata uma curiosa experiência. Em uma escola primária no Estado de Tennessee, visitada por ele durante a sua longa e paciente pesquisa, a mestra, preta, dirige-se aos seus alunos, todos pretos também. "Quem", pergunta ela, "é capaz de escrever no quadro-negro o número 256 como o escreviam os NOSSOS ANTEPASSADOS?" Uma meninazinha levanta o braço. Vai oa quadro-negro e traça — um hieróglifo egípcio!

O postulado é interessante. A civilização nasceu no Egito. O Egito fica na África. Logo os egípcios eram pretos, e são os antepassados dos negros norte-americanos. Os europeus e americanos apoderaram-se das ciências e das artes inventadas pelos africanos e não vice-versa. Eu mesmo vi, em uma loja de Acra, em Gana, uma peça de pano de algodão estampado com quadrinhos representando a invenção da eletricidade, da radiotelegrafia, do avião — tudo por africanos de aspecto venerável. Essas balelas circulam, e, entre populações profundamente ignorantes, "pegam", mitigando velhos complexos de inferioridade, desmascarando as grosseiras mistificações dos descarados brancos...

Esse desdobramento, nos Estados Unidos, da onda de afirmação da individualidade africana tem um poderoso instrumento na religião islâmica. Vimos surgir nos últimos anos uma extraordinária propagação naquele país de um Islamismo algo fantasista, mais relacionado com a Disneylândia do que com Meca, abraçado com fervor por pugilistas e roqueiros negros, que assumem, inclusive, nomes ligados à sua "religião". Depois de Muhammad Ali (ex-Cassius Clay), temos agora um ex-Mike Tyson prosternando-se no *ring* de boxe, para agradecer a Alá sua vitória sobre um rival. A teologia desse neo-islamismo afro-americano horroriza as verdadeiras autoridades religiosas do Islã, mas entusiasma populações que abandonam por ele um tradicional fervor religioso cristão, que originou os maravilhosos *negro spirituals*, harmoniosa expressão musical de fé cristã. O atrativo do pseudo-islamismo para os afro-americanos é que o Islã *não é* a religião dos seus patrícios brancos. Acirra-se assim um ódio racial que nobres espíritos "afro-americanos", como Martin Luther King, consagraram suas vidas a desarmar.

Não será demais recordar a existência, nos Estados Unidos, de um movimento intitulado The Nation of Islam; e que esse movimento levou em outubro de 1995 *um milhão de homens* às ruas de Washington — foi a "Million Men March". O fato relevante não foi que desfilasse ali um milhão de negros; e sim que fossem todos muçulmanos. O chefe da "Nação do Islã", Louis Farakhan, prega o separatismo, a secessão da "Nação do Islã" retirando-se do corpo da nação americana. No século passado, morreram na Guerra da Secessão mais americanos do que em todas as guerras em que os Estados Unidos envolveram-se desde então; centenas de milhares de americanos *brancos* morreram para dar a liberdade aos pretos — coisa que a nossa Princesa Isabel conseguiu com um traço de pena. Hoje a nação divide-se novamente. Em 1963, Martin Luther King mobilizava grandes massas pela *união* de brancos e pretos dentro dos mesmos direitos e da mesma religião; desde então, surgiram Malcolm X, com o "nacionalismo negro", Stokeley Carmichael e o "black power", Eldridge Clever e os Black Panthers; agora Louis Farakhan e a "Nação do Islã". A linha que se acentua é o ódio racial reclamando-se de uma oposição religiosa, apoiando-se em um Islã fantasioso como símbolo de ruptura com a sociedade americana.

Da gravidade e da profundidade da fratura que já divide a Nação americana foi possível julgar pelo rumoroso processo do atleta negro O. J. Simpson: a Nação inteira acompanhou com paixão os lances do julgamento — mas rachada de meio a meio. Brancos esperando a condenação do réu, negros e "latinos" exigindo clamorosamente a sua absolvição.

Esse perigo de um antagonismo desenha-se também no Brasil. Aqui existe um certo pensamento perigoso que se oculta astuciosamente sob o manto respeitável da Conferência Nacional dos Bispos do Brasil. Ele acaba de promover duas perniciosas clerochanchadas. Uma é a introdução na liturgia da Missa de rituais de candomblé. A outra é a criação de uma "Pastoral do Negro", lançando as sementes de um antagonismo racial até hoje inexistente no Brasil graças a toda uma tradição, ou pelo menos a uma cômoda e benemérita ficção, de total ausência de preconceito racial entre nossas populações — o que é em grande parte verdade aliás.

No seu consciente esforço divisionista, a militância afro-americana busca, e obtém, o apoio de outras etnias: os "latinos", porto-riquenhos, haitianos e mexicanos, uns e outros considerando-se subprivilegiados dentro da sociedade americana, uns e outros, *grosso modo*, situados em patamares culturais muito baixos, e por isso com difícil acesso a empregos bem remunerados. Essas massas primitivas, invejosas e ressentidas frente ao espetáculo dos altos padrões de vida dos "brancos", deixam-se atrair para os caminhos da contestação violenta tanto mais quanto entre eles o índice de criminalidade é alto, e severa por isso sobre eles a vigilância das polícias "brancas".

Do perigo, para a França, da adesão de jovens franceses ao fundamentalismo islâmico armado agindo dentro da própria França, é testemunho alarmante um incidente ocorrido em Roubaix, cidade industrial do Norte do País.

Após uma série de atentados à mão armada, as autoridades conseguiram identificar e localizar um grupo de terroristas muçulmanos. A casa que lhes servia de base foi cercada por forças policiais e, após longo e intenso tiroteio, o "aparelho" foi "estourado" e mortos os seus quatro ocupantes. Para surpresa da polícia, um destes, apesar de usar um nome de guerra muçulmano, era um jovem francês convertido ao Islã, que elegera partilhar a vida e a morte de seus companheiros argelinos, em sua guerrilha contra a sociedade francesa. Dois membros do "aparelho", que conseguiram escapar ao cerco, foram perseguidos e mortos, e um deles era outro jovem francês, convertido ao Islã.

Há dois mil anos, Roma estendeu a sua autoridade sobre a quase totalidade do mundo então conhecido; das Colunas de Hércules ao Mar Negro; desde o Muro de Adriano até as Cataratas do Nilo, legionários romanos montavam guarda, magistrados romanos impunham o respeito ao "Senado e ao Povo de Roma" — na prática, ao Imperador. Sobre esse vasto império reinava a *Pax Romana*. Nesse espaço, veio a prevalecer o cristianismo como religião universal.

De há 200 anos para cá, as Potências Ocidentais vieram a estender a sua influência sobre todas as partes do Planeta. A Revolução Industrial, e os prodigiosos progressos científicos e tecnológicos que se lhe seguiram, a rápida transformação e aprimoramento dos métodos de administração no Ocidente, deram-lhes, por assim dizer, o monopólio das alavancas do poder. Foi assim que os britânicos, com 100 mil soldados, metade dos quais nativos da própria Índia, puderam manter o seu domínio sobre 200 milhões de indianos. O Ocidente detinha também, e mantém até hoje, o monopólio das ciências, que são as raízes da força nos tempos modernos. No Oriente, só o Japão escapou a essa hegemonia, tornou-se um "País do Primeiro Mundo", e concorre aos Prêmios Nobel de Ciências — patamar que o Brasil ainda não alcançou. A religião cristã, não obstante sectarismos, foi e é o denominador comum espiritual de todo o Ocidente.

Neste ocaso do século XX, a tranqüila preeminência da civilização ocidental começou a ser posta em cheque. Ainda ontem, foi necessário mobilizar todos os extraordinários recursos da tecnologia militar para expulsar do Kuwait as forças iraquianas. O obscurantismo fanático que avassalou o Irã continua a desafiar o Ocidente, a contestar todos os seus valores, e a armar o braço dos terroristas do Hezbollah. Desde o custoso fracasso militar das Nações Unidas na Coréia, quando poderosas forças não conseguiram restabelecer a soberania do Governo de Seul sobre o Norte do país, desde a derrota norte-americana no Viet-Nam, a derrota francesa na Argélia, tem-se a impressão de que as forças — militares e espirituais — do Ocidente estão combatendo em retirada. E entre essas forças, o próprio cristianismo.

As civilizações surgem, progridem, fenecem e morrem. Disso a História dá-nos sobejos exemplos. A morte não provém geralmente de assaltos externos, mas de causas internas. Todos imaginam o Império Romano ruindo sob as invasões dos bárbaros, cidades saqueadas e incendiadas, populações massacradas. Nada disso. As invasões dos bárbaros foram em geral infiltrações pacíficas, às vezes humildes: tribos inteiras apresentando-se no *limes*, nas fronteiras fortificadas, e postulando o favor de sua admissão no território do Império. E, pouco a pouco, as Legiões passaram a ser recrutadas entre os bárbaros, comandadas por oficiais bárbaros, enfim chefes Bárbaros chegaram à púrpura imperial. O que lhes abriu o caminho foi a apatia crescente das populações latinas, a decadência de seus costumes, a perda de seu patriotismo.

Temos agora, no mundo ocidental, e muito especialmente no seu "carro-chefe", os Estados Unidos da América, forças empenhadas em destruir os princípios e a cultura ancestrais da Nação, contestando e combatendo os valores do Ocidente. É o que Guy Sorman chama a "revolução black", ancorada no Islamismo, e tendendo a criar um separatismo mais profundo do que o que gerou a Guerra da Secessão; porque nesta ambos os partidos possuíam a mesma cultura. E, como os romanos da Decadência, os norte-americanos toleram e financiam o inimigo interno.

A Universidade do Estado de Nova York, como grande número de outras Universidades norte-americanas, mantém um "Departamento de Estudos *black*". Neste caso, o Chefe do Departamento é um intelectual de nome Ali Mazrui, natural do Quênia, e muçulmano, que já dirigiu anteriormente o Department of Black Studies da Universidade de Michigan, de onde foi trazido, mediante altíssimo salário, pelo Governador do Estado de Nova York. Seu salário é muito superior ao de todos os professores brancos da mesma Universidade: isso, estima Ali Mazrui, é apenas uma "justa compensação pelo que os brancos devem aos africanos".

O Professor Ali Mazrui ensina que o retorno ao Islã é indispensável à "reafricanização" (*sic*) dos negros americanos. O seu ídolo não é Luther King, que, segundo ele, "pensava como branco"; e sim Malcolm X, o marginal convertido ao Islã, que ensinava que "*era preciso destruir a sociedade branca*". E Ali Mazrui é pago pelos contribuintes do Estado de Nova York para ensinar o "*afrocentrismo*".

Na prestigiosa Universidade Cornell o titular da cátedra de afrocentrismo é um branco, o Professor Bernal, que sustenta em um livro cujo título dispensa comentários, *Black Athens*, que a civilização grega era de origem africana. A Universidade de Duke, outra das mais prestigiosas, adotou a tese do *multiculturismo*. Na Universidade de Harvard, o Professor negro Henry L. Gates combate o estudo da literatura clássica inglesa, Shakespeare inclusive, e, chefiando o movimento pelo que seja politically correct, "pc", prega a "desconstrução" da cultura ocidental. Cabe lembrar que a Guerra do Viet-Nam não foi perdida nos campos de batalha, e sim nos *campi* das Universidades americanas.

Na Universidade de Berkeley, o veterano Profesor de Sociologia, preto, Troy Duster, ensina que a luta de classes está superada, e deve ser substituída pela *luta de raças*, promovendo o acesso ao poder dos "oprimidos": pretos, mexicanos, porto-riquenhos, *gays*, lésbicas e bissexuais.

Na realidade, esse tipo de militância não faz sentido no momento em que o mais prestigioso general do Exército norte-americano é preto, como o é o Presidente de um dos mais poderosos grupos empresariais norte-americanos. O objetivo claro é destruir, "desconstruir", a cultura ocidental nos Estados Unidos, e substituí-la por uma contracultura iconoclástica e arrasadora, tudo isso explicitamente apoiado em um forma fantasiosa de Islamismo como forma de rejeição do Cristianismo identificado com o mundo ocidental.

O alvorecer do século XXI encontrará, no Mundo Ocidental, três graves problemas, potencialmente mortais para sociedades organizadas em estruturas jurídicas e políticas altamente civilizadas, dentro de altos padrões morais: o uso das drogas, o crime organizado que vai de braço dado com ele, e o terrorismo que serve-se de ambos, comandado pelo fanatismo. Esses três perigos estão bem presentes.

O terceiro não afeta o Brasil. Nossa composição étnica não trouxe componentes religiosos exógenos, se não ao nível primitivo de traços vestigiais de cultos animistas africanos, absorvidos aliás por um oportuno sincretismo. As correntes imigratórias provenientes do Oriente Médio foram um aporte étnico de grande valor, de religião cristã em sua quase totalidade. Não temos "bolsões" islâmicos. Ainda assim, as autoridades argentinas, e creio que também as brasileiras, admitem a hipótese de que um núcleo fundamentalista islâmico constituiu-se na área em que se encontram as fronteiras do Brasil com o Paraguai e a Argentina — as "três fronteiras", seus membros deslocando-se entre Puerto Iguazú, Ciudad del Este e Foz do Iguaçu. Dali teriam partido os executantes dos dois terríveis atentados terroristas perpetrados em Buenos Aires.

O tecido social, em muitos países do Ocidente, porém, acha-se esgarçado por tensões econômico-sociais, mas sobretudo pela demagogia ou timidez dos governantes, para não dizer covardia, que impede as reações enérgicas contra as forças disruptivas da sociedade.

A isso acrescenta-se a degradação dos valores morais, do sentido cívico, da noção de solidariedade, da força dos laços de família e dos códigos de conduta. As "maiorias silenciosas" encolhem-se apavoradas diante das ameaças patentes, paralisando os possíveis mecanismos de repressão à desordem. Fica o campo livre às forças destruidoras da vida civilizada: panorama que seria impensável em qualquer país do Ocidente no século XIX, já em plena floração da moderna Democracia.

Um exemplo impressionante da rapidez com que o crime organizado ocupa os vácuos do poder e impõe a sua lei é a Rússia em geral e Moscou em particular, onde a Máfia local, uma vez desmontado o aparelho repressivo do Estado comunista, impôs a sua lei à cidadania. Outro exemplo é o Rio de Janeiro.

Na Europa Ocidental, berço e máxima expressão de nossa Civilização, a situação só tende a piorar desde que a formação da União Européia tende a tornar livre, abolidas as fronteiras nacionais, o trânsito de drogas, de malfeitores e de terroristas.

A questão relevante é saber se a nossa Civilização Ocidental, rica da herança de incontáveis gerações, possui hoje os anticorpos necessários para defender-se de uma decadência moral que corrói até os valores espirituais, para dominar as correntes desagregadoras que abalam os seus alicerces. O mundo islâmico não conhece essas dúvidas nem essas fraquezas. Monolítico, intolerante, arrogante, seguro de si, ele observa, já instalado, com a Bósnia, no coração da Europa, as fissuras do nosso Império, e aguarda a sua hora.

Não pequena preocupação está sendo causada entre a minoria cristã da Bósnia pelas idéias "pan-islâmicas" proclamadas por seus concidadãos muçulmanos, e pela radicalização crescente do clero maometano no país. Não só na Bósnia, aliás: *dois milhões e meio* de muçulmanos vivem na Macedônia e na Albânia. Sabe-se que futuros *imãs* iugoslavos estão atualmente sendo formados em seminários islâmicos em países árabes, sob a influência de correntes fundamentalistas.

É de esperar que nos tempos vindouros, que se apresentam para a humanidade como pouco sorridentes, mas antes

"tenebrosi e oscuri"

como os previstos por um pessimista personagem de *La Bohême*, o Ocidente Cristão possa encontrar, em suas raízes profundas, a energia, a fé em seus destinos, as virtudes e a força moral que levaram as galeras de Don Juan de Áustria à vitória em Lepanto.

VIII — À Maneira de Epílogo: Evocação da memória de meus pais

EPÍLOGO DO "DICIONÁRIO DAS PLANTAS ÚTEIS DO BRASIL"

Acreditavam os antigos que as almas dos mortos só podiam encontrar o repouso, libertar-se dos laços que os prendiam aos vivos e à Terra, depois de elevados à sua memória os monumentos votivos que tinham o direito de esperar, e mesmo de exigir, da piedade dos pósteros. Assim Enéas ergueu, à beira-mar, o cenotáfio do bom piloto Palinuro, tragado pelas ondas, embora não pudessem ali repousar as suas cinzas; assim a sombra inquieta do marinheiro Elpenor, morto na ilha de Ogigia, nos domínios da feiticeira Circe, vem pedir a Ulisses que não descuide de erigir, junto ao mar sombrio, um monumento votivo, nem de encimá-lo com o remo com o qual ele, em vida, remara entre a guarnição de sua nau.

Se assim fosse, poderia hoje, enfim, o grande espírito de meu Pai encontrar, 40 anos depois de sua morte, o repouso eterno, com a conclusão final da imensa tarefa a que dedicou a sua vida inteira. Nenhum monumento mais condigno poderia ser elevado à sua memória do que a publicação deste sexto e último volume do seu *Dicionário das Plantas Úteis do Brasil e das Exóticas Cultivadas*, conclusão final do que foi a obra de sua vida, do que foi a sua própria vida, prolongada 40 anos além da morte pelo paciente e piedoso trabalho de outrem.

Se hoje, com efeito, pode enfim vir à luz, em toda a sua plenitude monumental, o imenso trabalho de meu Pai, deve-se isso a um milagre de dedicação científica por parte do Dr. Leonam de Azeredo Penna, a quem só pude prestar, durante esses 40 anos, o fraco auxílio do amor filial obstinado em ver coroada e realizada a obra paterna. Foram as luzes, a abnegação, a incrível pertinácia do Dr. Leonam de Azeredo Penna, lutando durante décadas a fio contra a incompreensão, a ignorância, a passividade inerte da burocracia, que conseguiram realizar o milagre. Trinta anos, de 1904 a 1934, levou a obra para ser escrita; 48, de 1926 a 1974, para ser publicada. Sua conclusão ocorre no ano que assinala o quadragésimo aniversário da morte do autor, e o centenário do seu nascimento: nenhuma celebração poderia ser mais apta para uma e outra dessas efemérides.

Seria injusto e inadmissível não recordar a memória de minha Mãe, testemunha constante e afetuosa dos trabalhos de seu esposo, companheira em suas longínquas viagens de pesquisa, presença inseparável e confortadora a seu lado. Também a ela pertencem, de pleno direito, as honras do dia, e a honra da realização desta grande obra, que sem ela nunca haveria chegado à etapa final que hoje comemoramos. A ela, e só a ela, deve-se a salvação do *Dicionário*. Com efeito, após a morte de meu pai, apesar de aniquilada pela angústia de uma perda na qual desmoronara subitamente o pequeno mundo em que tão exclusivamente vivera, de uma viuvez que a deixava moral e materialmente desamparada, sozinha em terra estranha com o filho ainda colegial, esquecida por uma Administração indiferente e longínqua, teve ela a força, a consciência e o patriotismo de zelar pela conservação do trabalho feito por meu Pai a serviço do Estado: reunindo, guardando e transportando para o Brasil, em 37 grossos caixotes, todo o acervo da obra. Não fora ela, portanto, não fora esse zelo espontâneo e meticuloso, que a Administração nunca pensou em lhe recomendar ou solicitar, e jamais teria sido possível continuar o *Dicionário das Plantas Úteis do Brasil* além do 2º volume. Os quatro outros devem-se basicamente, pois, ao seu alto sentido de responsabilidade cívica, não menos que ao seu carinhoso respeito à obra do esposo desaparecido. Sua espontânea vontade, sua fidelidade ao ideal de meu Pai, salvaram uma obra que o Estado, a serviço do qual esta se fizera, não pensou então um instante em preservar. Também para minha Mãe, portanto, esta data é festiva, e também ela partilha com meu Pai esta última homenagem, como partilhou todas as alegrias e todas as penas de sua existência. Que ambos repousem juntos, como juntos viveram, na paz do Senhor.

M. Pio Corrêa Junior

Rio de Janeiro, agosto de 1974

MEU PAI, PIO CORRÊA

Meu pai faleceu em Neuilly-sur-Seine, ao lado de Paris, aos 21 de fevereiro de 1934. Coisa que poucos sabem, nascera no Porto, à sombra da velha Igreja de Santo Ildefonso, em 6 de maio de 1874, sendo, porém, brasileiro de pleno direito, em virtude do parágrafo 4° do artigo 69 da Constituição de 1891.

Esse homem, que nasceu e morreu fora do Brasil, foi no entanto apaixonadamente brasileiro, e, dentro do Brasil, apaixonadamente paulista. Em São Paulo fez os seus estudos, ainda antes do princípio deste século, e começou sua carreira como funcionário da já hoje legendária Comissão Geográfica e Geológica do estado de São Paulo como colaborador do ilustre Gonzaga de Campos. Durante quase oito anos, sua vida foi nas matas e nos sertões que cobriam então grande parte do Estado; participou dos trabalhos de levantamento hidrográfico das bacias dos rios Tietê, Feio, Grande, Peixe, Aguapeí, e da Ribeira de Iguape; tomou parte na expedição que, pela primeira vez, conseguiu alcançar o cume do Botucavaru, na serra dos Itatins, então ainda deserta e desconhecida; percorreu mais de mil quilômetros em canoa nos rios do Noroeste do estado, para os lados de Mato Grosso, ao tempo em que as margens do rio Feio eram ainda o domínio dos ferozes índios Coroados, ou Kaingang, que somente em 1912 seriam pacificados por Manoel de Miranda e pelo Tenente Rabelo, colaboradores de Rondon. Por essas bandas conheceu ele o próprio Rondon, de quem devia ficar amigo para toda a vida; e a isso devo eu a recordação de haver sido, ainda criança, guiado pelo grande sertanista em uma visita às coleções por ele organizadas no Museu Nacional.

Em 1908, passou meu pai para o Serviço Federal, como naturalista do Jardim Botânico do Rio de Janeiro, cargo que conservou por toda a sua vida.

No Ministério da Agricultura, teve ele a sorte de encontrar, à frente da Pasta, homens que souberam compreender a sua alta vocação científica, protegê-la e estimulá-la: homens como Pedro de Toledo, Assis Brasil, Miguel Calmon, Ildefonso Simões Lopes. E, ao lado dos Ministros que se sucediam, permanecia sempre a figura inalterável do grande Diretor-Geral que foi Mário Barbosa Carneiro, tipo perfeito de grande funcionário da República Velha, professando a fé positivista, usando bigode e pêra à exata semelhança de Floriano Peixoto. Foi ele, durante mais de 25 anos, o intransigente defensor de meu pai, no Ministério da Agricultura, contra as não poucas intrigas e invejas que procuraram prejudicar a sua obra.

E essa obra foi gigantesca e multiforme. Ainda como funcionário estadual, em São Paulo, efetuara dois grandes trabalhos por incumbência da Sociedade Nacional de Agricultura: o estudo botânico-agronômico do arroz de Iguape-Cananéia, em 1907, e em 1908, um vasto estudo dendrológico das madeiras paulistas. No ano seguinte, 1909, já como funcionário federal, meu pai foi incumbido de proceder ao estudo de vegetação nas ilhas de formação pleistocena do litoral sul paulista. Dali data o seu amor todo especial pela curiosa vegetação da restinga — vistosas bromeliáceas, cactáceas hostis, esguias palmáceas, algumas bonitas campanuláceas das dunas, robustas gramináceas das areias salgadas, farfalhando ao vento do mar. Foi a sua paixão o nhundu, a flora da restinga, e ninguém, creio eu, conheceu como meu pai este mundo vegetal fronteiriço, faixa intermediária entre o domínio das águas salgadas ou salobras e o domínio das águas doces.

Ainda em 1909 sai o seu primeiro livro, a *Flora do Brasil*. No ano seguinte, nova comissão governamental vai levá-lo mais uma vez às suas queridas dunas e restingas: é o estudo das plantas fibrosas do litoral fluminense.

Em 1912, inicia-se uma era de longas viagens, já tendo em mente o futuro *Dicionário das Plantas Úteis do Brasil e das Exóticas Cultivadas*. A preocupação de estudar, no seu habitat, essas "exóticas cultivadas", as plantas alienígenas introduzidas no Brasil, vai levar meu pai a percorrer, durante anos, a Ásia, a África, a Europa, a América, e até as ilhas do Pacífico. Na África, ele segue o litoral desde o Senegal até Angola, no rastro das plantas trazidas para o Brasil nos porões dos negreiros ou levadas desde aquelas costas pelas correntes oceânicas. Visita assim o Senegal, a Guiné francesa, a Costa do Marfim, a Costa do Ouro, o Daomé, o delta do Niger, o Congo francês, o Congo belga, Angola, as ilhas de São Tomé e Príncipe, o arquipélago de Cabo Verde, as ilhas Canárias, a Madeira. As viagens seguintes levaram-no ao Uruguai, à Argentina, ao Chile, ao Peru, ao Panamá, à Costa Rica, à Jamaica, aos Estados Unidos (dos quais percorreu 17 Estados), ao arquipélago do Havaí, ao Japão, à China, a Singapura e ao arquipélago Malaio, e dali à Índia, onde longamente se demorou, percorrendo grande parte do subcontinente indiano: Bombaim, o Punjab, Guzerat, o Rajputana, a Índia Central, as Províncias Unidas de Agra e Aoude, a Província de Behar, a Presidência de Bengala, Chandernagor. Da Índia passou ao Egito, e dali à Europa, onde, no caminho de regresso ao Brasil, demorou-se ainda na Itália, na Alemanha, Suíça, em França e na Inglaterra.

No Brasil, entre duas viagens, publica em 1919 as suas *Fibras Têxteis e Celulose*; em 1920 regressa à Europa, de onde volta no ano seguinte. De 1922 a 1926, sua atenção vai se voltar para a flora e solo do estado de Santa Catarina, ao mesmo tempo que começa a escrever o *Dicionário das Plantas Úteis do Brasil*, cujo primeiro volume sai do prelo em 1926. Este período vai se dividir entre o Rio de Janeiro, onde meu pai trabalhava assiduamente na preparação e na impressão do 1º volume do *Dicionário*, e Santa Catarina, onde passávamos os invernos. Ali meu pai procedia à pesquisa geológica das bacias carboníferas de Urussanga, de Araranguá e de Cresciúma, e da bacia ferrífera de Pinheiros. Minha mãe e eu o acompanhávamos sempre, muitas vezes em longas viagens a cavalo, às vezes acampando em plena mata. Assim chegamos, em três dias de viagem a cavalo, às cabeceiras do Rio Braço do Norte; assim, partindo de Rio do Sul, alcançamos por um duro inverno, sempre a cavalo, o território gaúcho por Palmeira dos Índios e Lages.

A impressão do 1º volume havia encontrado grandes dificuldades, devido a deficiências materiais e a sobrecarga de serviço na Imprensa Nacional. Em conseqüência, o Governo autorizou meu pai a proceder no estrangeiro à impressão do 2º volume, na tipografia especializada de sua escolha. Essa escolha fixou-se na Casa Crété, de Corbeil (Seine-et-Oise), em França.

A decisão de proceder em França à impressão do 2º volume revelou-se acertada. Em Paris, entre o Muséum d'Histoire Naturelle, a Société Nationale d'Acclimatation e a Société Nationale d'Agriculture (que lhe haveria de conceder a título póstumo a sua Médaille Crevaux), meu pai encontrava um ambiente perfeito de pesquisa e trabalho.

Meu pai resolveu ir ao Brasil apresentar pessoalmente ao Governo o 2º volume. Com efeito, o Governo revolucionário que tomara o poder em 1930, longe de interromper a obra autorizada pelo Governo deposto, muito a estimulou, graças à presença, à frente da Pasta da Agricultura, do Ministro Ildefonso Simões Lopes, um dos mais entusiastas partidários da realização do *Dicionário*.

De regresso a Paris em fins de 1931, meu pai empreendeu ativamente os trabalhos para a publicação do 3º volume. A morte o surpreendeu em 21 de fevereiro de 1934, na própria semana em que devia ser iniciada a impressão do novo volume.

Era extremo o seu escrúpulo em não se valer de relações políticas para obter vantagens pessoais. Aconteceu que em sua mocidade meu pai residiu por algum tempo na cidade de Batatais, no interior de São Paulo, onde tinha por vizinho, amigo, e até comensal diário, o Promotor Público da comarca, Dr. Washington Luís Pereira e Souza. Um quarto de século mais tarde, este último revestia a faixa de Presidente da República. Pois bem, meu pai absteve-se rigidamente de recordar ao Presidente a antiga amizade dos tempos de Promotor. No entanto, quando em 1930 o Dr. Washington Luís, exilado e proscrito, desembarcou em Paris, uma das primeiras visitas que recebeu foi a de meu pai, que se apressou em levar-me, a mim também, para cumprimentar o Presidente deposto.

Em política, meu pai fora, desde a primeira mocidade, ao tempo em que a República não estava ainda consolidada, um republicano convicto — opinião em que divergia de minha mãe, também nascida ainda sob o Império, e que viveu e morreu fervente monarquista. Mais tarde, abraçou as idéias da Aliança Liberal. Não obstante, vitoriosa a Revolução de 30, meu pai nem por isso se aproximou dos seus correligionários, uma vez estes no poder. No entanto, possuía entre eles numerosos amigos: Assis Brasil, então no auge do seu prestígio, honrava com a sua presença a nossa modesta casa em Paris; Ildefonso Simões Lopes, seu amigo, era Ministro da Agricultura; Salgado Filho, seu advogado e seu compadre, meu querido e saudoso padrinho, era Ministro do Trabalho. Foi esse o momento que meu pai escolheu para estreitar ostensivamente os seus laços de amizade com o Presidente Washington Luís e com o Dr. Octávio Mangabeira, ambos proscritos.

"Jacobino", como ele próprio dizia, liberal à maneira do século XIX, que foi o século de sua mocidade, Pio Corrêa foi sobretudo e antes de tudo um patriota. O interesse de meu pai pelas jazidas carboníferas de Santa Catarina, que o levou cada ano, durante largo tempo, a embrenhar-se no rigor dos invernos, com mulher e filho pequeno, pelas ínvias selvas daquele estado, procedia de sua fé em que o carvão nacional poderia substituir o carvão do País de Gales, o "Cardiff", então queimado pelos navios de guerra e mercantes, e pelas locomotivas quando estas não queimavam lenha. Era uma obsessão sua provar que um carvão nacional poderia evitar aquelas onerosas importações, evitar também a criminosa derrubada de nossas matas para tirar lenha e fazer carvão vegetal: pois cabe lembrar que meu pai foi um dos redatores do Código Florestal, e o desflorestamento vandálico e maciço que então como hoje aniquilava as nossas reservas florestais causava-lhe uma dor quase física. Ante a evidência da má qualidade do carvão gaúcho de São Jerônimo e do horizonte de Barro Branco, apenas combustível e afogando em cinzas as grelhas das caldeiras, interessou-se pelo solo de Santa Catarina, participando nas pesquisas de Henrique Lage na bacia de Araranguá e descobrindo ele próprio, na bacia de Urussanga, um horizonte ainda mais rico, vizinho da antracita em teor de carbono. Para convencer os poderes públicos e a opinião, unanimemente céptica quanto ao valor do carvão nacional como sucedâneo do minério galês, meu pai não hesitou em afretar à sua custa um navio mercante, o *Anna*, da

Companhia Carl Hoepke, e trazê-lo do porto do Tubarão ao do Rio de Janeiro queimando carvão de Urussanga. Mais do que isso: conseguiu que a Marinha de Guerra tentasse a mesma experiência com o contratorpedeiro *Mato Grosso*.

Homem de gabinete e de laboratório, cientista de renome internacional, hóspede familiar de várias das mais altas instituições científicas do mundo, íntimo amigo de alguns dos maiores botânicos da Europa e da América do Norte, grande viajante, homem culto e de hábitos cosmopolitas, Pio Corrêa foi também um intrépido sertanista e um grande conhecedor do *hinterland* brasileiro. Navegou, já o vimos, mais de mil quilômetros em canoa pelos rios do interior; além da serra de Maracaju, no *Far West* brasileiro; internou-se em lombo de bois de sela pelo Pantanal de Mato Grosso; abriu caminho, de facão de mato em punho, pelas matas do Botucavaru; foi a cavalo, em 1917, do atual Eldorado Paulista até alcançar a divisa com o Paraná, em Irararé; lembro-me dele, a cavalo, de poncho e largas botas, passando rios a váu no Sul de Santa Catarina. Os seus últimos anos foram sedentários, de estudo, pesquisas, trabalho metódico e paciente; mas toda a sua vida foi uma grande aventura, sempre tendida para um grande ideal científico, sempre colorida e animada por um grande ideal patriótico. O seu *Dicionário*, sua maior obra, sobrevive felizmente para perpetuar o seu nome e os seus grandes serviços à ciência e ao Brasil.

Esta obra foi publicada na
Cidade de São Sebastião do Rio de Janeiro em 1999,
quando se comemora os 150 anos de
nascimento de Rui Barbosa.

Não encontrando este título nas livrarias, pedir pelo Reembolso
Postal à Editora Expressão e Cultura – Exped Ltda.
Estrada dos Bandeirantes, 1.700/ Bl. E
Jacarepaguá – Rio de Janeiro – RJ – 22710-113
Tel: 445-0333 – Fax: 445-0996
E-mail: exped@embratel.net.br